4e
VERS LA
3e

FRANÇAIS
Dominik Manns

MATHÉMATIQUES
Olivier Revil

ANGLAIS
Florence Jaffrès

HISTOIRE-GÉOGRAPHIE
Jacqueline Musiedlak

SCIENCES DE LA VIE ET DE LA TERRE
Joëlle Cognie

PHYSIQUE-CHIMIE
Hélène Carré-Montréjaud

W0025736

nouvelle orthographe
Cet ouvrage est conforme à la
www.**orthographe-
recommandee**.info

Pour aller plus loin, une sélection de vidéos
à découvrir avec l'application gratuite Nathan Live !

Avec ton Smartphone ou ta tablette :

1. Télécharge gratuitement l'application Nathan Live ! sur l'Appstore
ou le Google Play Store.

2. Ouvre l'application et scanne la page lorsque tu vois le logo **live!**

3. Visionne la vidéo qui s'affiche instantanément sur ton écran.

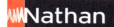
Nathan

Sommaire

© Nathan 2018 – ISBN : 978-2-09-193263-7

Sommaire PAR MATIÈRE

Teste-toi avant de commencer

Français

1 **Coche les bonnes réponses.**

Le sujet :
a. entraine l'accord du verbe. ☐
b. entraine l'accord du COD. ☐
c. peut suivre le verbe. ☐
d. peut avoir un attribut. ☐
e. fait ou subit l'action du verbe. ☐
f. est toujours précédé d'un déterminant. ☐

/2

2 **La forme correcte du verbe *être* dans la phrase : « Chacune des douze voitures ... en place avant le départ. » est :**
a. est ☐
b. seront ☐
c. soient ☐
d. sont ☐

/2

3 **La forme correcte du verbe *être* dans la phrase : « La plupart des élèves ... présents. » est :**
a. est ☐
b. sont ☐
c. soient ☐
d. suis ☐

/2

4 **Dans un récit, celui qui raconte est :**
a. le récitateur ☐
b. le narrateur ☐
c. le dramaturge ☐

/2

Maths

5 $(-3) + (+8)$ **est égal à :**
a. -11 b. $+5$ c. $+11$

/2

6 $(-27) - (-15)$ **est égal à :**
a. $+12$ b. -42 c. -12

/2

7 $-16 + 6 \times 5$ **est égal à :**
a. -50 b. -110 c. $+14$

/2

Anglais

8 **Coche les bonnes réponses.**

Le présent simple exprime :
a. une habitude. ☐
b. un futur proche. ☐
c. une répétition. ☐
d. une action en cours. ☐
e. un fait général. ☐

/2

Histoire

9 **De quel siècle sont les philosophes des Lumières ?**

....

/2

SVT

10 **Que rejette un volcan en éruption ?**

....

/2

Ton score   /20

Voyage dans le temps

Joachim Patinir, *Paysage avec Saint Christophe*, v. 1520.

> Le narrateur, Peter, est fasciné par un tableau du XVIᵉ siècle, et notamment par un détail : un mystérieux cadavre au bord d'une rivière. Pour découvrir son secret, il est entré dans le tableau et en a retrouvé l'auteur.

Tandis que Jan continuait à travailler avec application, j'étais comme pétrifié[1] au milieu de la pièce, incapable d'y voir clair. Était-il possible qu'un homme du XXᵉ siècle soit en apprentissage chez un peintre du XVIᵉ ? Étais-je en train de rêver ? Ou étais-je bien dans
5 la réalité, et mon passé, ma mère, l'école et tout le reste avaient-ils été un rêve ? Qu'est-ce qui avait déclenché cette aventure ? Aussitôt, je me souvins du *Saint Christophe* et du mort sur le radeau.

Je laissais mes pensées vagabonder quand, tout à coup, mes yeux tombèrent sur la blouse de maître Joachim suspendue au
10 crochet. Je me demandais s'il avait remis dans sa poche la clé de la petite pièce sur la galerie. Il m'intéressait de savoir ce qu'il cachait soigneusement à tout le monde. Ma décision fut vite prise : je voulais essayer de pénétrer dans cette pièce pour jeter un coup d'œil sur le mystérieux tableau. Peut-être me permettrait-il
15 d'avancer dans mon enquête ? En tout cas, cela ne pouvait nuire à personne.

Pendant que Jan continuait son travail du mieux possible, je réfléchis à la façon dont j'allais procéder. Et, quand Jan m'envoya dans le petit réduit chercher une autre spatule[2], je décidai de m'y
20 cacher le soir même. Pendant la nuit, je pourrais prendre la clé dans la blouse du maître et me glisser en haut pour voir le tableau. Il fallait seulement trouver un prétexte pour retourner dans l'atelier une fois que je l'aurais quitté avec Jan.

Sigrid HEUCK, *Le Secret de Maître Joachim*,
traduction de l'allemand par Dominique Miermont,
© Gallimard Jeunesse, « Folio Junior », 1996.

- Identifier le narrateur
- Accorder le verbe avec son sujet

VOCABULAIRE

[1] **Pétrifié :** changé en pierre.

[2] **Spatule :** outil élargi à un bout.

Coup de pouce

• Reconnaitre le sujet

▶ Le sujet fait l'action du verbe, entraine son accord et se trouve à sa gauche. (*Il* observe son frère).

▶ Cas particuliers : le passif (« *Ce chien* a été dressé par nos voisins » : le sujet ne fait pas l'action).

Compréhension

1 **Où cette scène se déroule-t-elle ?**

☐ dans un atelier   ☐ dans une cuisine   ☐ dans un jardin

2 **En t'aidant du texte et de l'image, indique qui est « maître Joachim » (l. 9).**

☐ un grand avocat   ☐ un grand peintre   ☐ un grand escrimeur

3 **Cite trois mots qui prouvent que Peter va commettre un acte condamnable.**

Expression

4 **Quels éléments du texte (pronoms, sentiments, gestes) prouvent qu'il est raconté du point de vue de Peter ?**

....

....

5 **a** **Relève l'indice grammatical qui prouve que le narrateur est un garçon (en dehors de son prénom).**

....

b **Réécris la proposition qui contient cet indice comme si le narrateur était une fille.**

....

Grammaire

6 **Accorde au présent les verbes entre parenthèses.**

a Tout le monde (*être*) .... sorti.

b La plupart des sentiers (*aller*) .... vers l'est.

c Chacun (*avoir*) .... son avis.

d Beaucoup d'enfants (*arriver*) .... encore en retard.

7 **Indique le sujet précis des verbes suivants.**

avaient été (l. 5-6) : ....

avait déclenché (l. 6) : ....

tombèrent (l. 9) : ....

avait remis (l. 10) : ....

permettrait (l. 14) : ....

Orthographe

8 **Réécris les deux premières phrases du dernier paragraphe du texte (l. 17 à 20) comme si tu étais un narrateur externe.**

Pendant ....

....

....

....

....

LE COURS

● **Le narrateur : qui raconte ?**

Le narrateur peut être :
– **interne** : c'est un personnage du récit. On emploie *je* ;
– **externe** : il n'appartient pas au récit. On emploie *il* ou *elle*.

● **L'accord du sujet et du verbe**

▶ Le verbe s'accorde en **personne** et en **nombre** avec son sujet.

▶ Le sujet peut être **inversé** par rapport au verbe.
  « Veux-tu m'accompagner ? » *demanda*-t-*il*.

▶ Le sujet peut être éloigné du verbe.
  *Le peintre, fasciné par la beauté du paysage, **fit** une pause.*

▶ Avec ***tout le monde, chacun, personne***, le verbe s'accorde au **singulier**.
  Tout le monde t'attend.

▶ Avec ***beaucoup de, peu de, la plupart des***, le verbe s'accorde au **pluriel**.
  La plupart des enfants viendront.

Jeu de rôles mortel

1 Les points de vie

Mathieu est amateur de jeux de rôles. Son personnage possède des points de vie. Chaque attaque par un sort coute 3 points de vie, chaque coup d'épée reçu coute 2 points de vie. Son personnage est déclaré mort si son nombre de points de vie descend au-dessous de − 15.

a Mathieu a 10 points de vie au départ. Il reçoit 2 sorts et un coup d'épée.
Combien lui reste-t-il de points de vie ? Calcule le résultat.

10 − 3 − 3 − 2 = 2

b Il a maintenant − 1 point de vie au départ. Il reçoit 5 sorts et 4 coups d'épée.
Combien lui reste-t-il de points de vie ? Calcule le résultat.

− 1 − (3×5) − (2×4) = − 24

• Calculer avec des nombres relatifs

c Complète le tableau, puis entoure les situations où son personnage est déclaré mort.

Situation	A	B	C	D	E	F	G
Points de vie au départ	+ 12	+ 25	− 2	+ 8	− 9	+ 7	+ 4
Sort(s) reçu(s)	3	6	5	1	2	0	3
Coup(s) d'épée reçu(s)	5	6	2	9	0	9	6
Points de vie finaux							

2 La sacoche malicieuse

Dans la suite du jeu, le personnage de Mathieu gagne la possibilité de tirer deux cartes magiques dans une sacoche. Un nombre est écrit sur chaque carte. On gagne (ou perd, tout dépend du signe...) le nombre de points de vie correspondant au produit des deux cartes.

a Mathieu a 10 points de vie au départ. Sur la première carte, il est écrit − 3 et sur la deuxième carte − 5. Combien lui reste-t-il de points de vie ?

25 points

b Il a 12 points de vie au départ. Sur la première carte, il est écrit − 3 et sur la deuxième carte + 7.
Combien lui reste-t-il de points de vie ?

− 9 points

Coup de pouce

● **Attention aux priorités !**

La multiplication et la division restent prioritaires sur l'addition et la soustraction dans un calcul qui ne contient pas d'opération entre parenthèses.

Exemples :
calculer 5 − 2 × (− 3) et
(− 4) + (− 20) ÷ (+ 4) :
▶ 5 − **2 × (− 3)**
= 5 − (− 6) = 5 + 6 = 11
▶ (− 4) + **(− 20) ÷ (+ 4)**
= − 4 + (− 5) = − 9

 CORRIGÉS → p. 106

c Complète le tableau, puis entoure les situations où son personnage est déclaré mort.

Situation	A	B	C	D	E	F	G
Points de vie au départ	+ 12	+ 25	− 2	+ 8	− 9	+ 7	+ 4
Première carte	− 3	+ 6	+ 5	+ 1	− 2	− 2	− 4
Deuxième carte	− 5	− 6	+ 2	− 9	+ 4	− 9	+ 6
Points de vie finaux	+27	−11	+8	−1	−7	−25	+20

3 Calculs

Calcule chaque opération.

$(− 5) ÷ (+ 2) + (− 3) = −5,5$

$18,5 − (− 5) ÷ (+ 10) = 17,5$

$(− 12) × (− 5,5) = 19$

$7 − 8 ÷ (− 4) = 4,8$

$18 ÷ (− 2) ÷ (− 5) = 8$

$(+ 5,5) + (− 2) × (− 6) = 19$

$(+ 4) × (+ 1,2) = 9$

$− 1 − (+ 3) × (+ 6) = 60$

$(− 3) × (− 5) × (− 4) = 1,8$

DÉFI VACANCES

Le labyrinthe infernal

Pour quitter ce labyrinthe, tu dois aller de D à A en te déplaçant seulement horizontalement ou verticalement. En D, tu as 1 point au départ. Chaque fois que tu passes par une case, multiplie tes points par le nombre inscrit dans cette case.

D	− 1	− 2	+ 2	− 2	+ 1
− 2	− 1	+ 2	− 2	+ 1	+ 2
+ 1	− 2	− 1	+ 1	− 1	− 1
− 1	− 1	+ 1	− 2	+ 2	− 2
− 2	+ 2	+ 2	− 2	+ 1	A

Attention, le gardien du labyrinthe renvoie en D tous ceux qui arrivent en A avec un score inférieur à − 8 ou supérieur à + 2, les autres peuvent sortir du labyrinthe.

Colorie un chemin pour sortir du labyrinthe.

Maths

SÉQUENCE ❶

LE COURS

● Additionner deux nombres relatifs

Trouve d'abord le signe du résultat, puis calcule la partie numérique en fonction de la situation de départ.

▶ **De même signe**

Même signe « + »	Même signe « − »
$(+ 9) + (+ 3) = (+ 12)$	$(− 4) + (− 6) = (− 10)$
Résultat de signe « + », on additionne les parties numériques $(9 + 3)$	Résultat de signe « − », on additionne les parties numériques $(4 + 6)$

▶ **De signes opposés**

$(− 5) + (+ 4) = (− 1)$	$(− 3) + (+ 5) = (+ 2)$
Résultat de même signe que **le terme de plus grande partie numérique** (ici − 5), on soustrait les parties numériques $(5 − 4)$	Résultat de même signe que **le terme de plus grande partie numérique** (ici + 5), on soustrait les parties numériques $(5 − 3)$

● Soustraire deux nombres relatifs

Quand deux signes « − » se suivent, remplace-les par « + ».

$(− 2) − (− 4)$ devient $(− 2) + (+ 4)$, puis on applique les règles de l'addition.

● Multiplier et diviser deux nombres relatifs

Trouve d'abord le signe du résultat, puis calcule sa partie numérique en fonction de la situation de départ.

▶ **Même signe : le résultat est positif**

$(+ 3) × (+ 2) = (+ 6)$

$(− 4) × (− 2) = (+ 8)$

$(+ 9) ÷ (+3) = (+ 3)$

$(− 6) ÷ (− 2) = (+ 3)$

▶ **Signes opposés : le résultat est négatif**

$(+ 3) × (− 2) = (− 6)$

$(− 4) × (+ 2) = (− 8)$

$(−9) ÷ (+ 3) = (− 3)$

$(+ 6) ÷ (− 2) = (− 3)$

CORRIGÉS → p. 106   **9**

Mobiles: Useful and Fashionable

Why are mobiles so popular? Because people love to talk to each other and it is easier with a mobile phone. People think that mobile phones are fun and useful[1]. Business people use mobiles when they're travelling. In some countries like Japan, many people use their mobiles to send email messages and access the Internet. You can use a mobile phone to listen to music too.

Mobile phones are very fashionable[2] with teenagers. Parents buy mobile phones for their children: they can call home if they are in trouble[3] and need help, so they feel safer. But teenagers mostly use them to keep in touch[4] with their friends or play simple computer games. It's cool to be the owner[5] of a small expensive mobile. As 18-year-old Londoner Rosie Farrow says: "Before, girls of my age smoked cigarettes to look good. Now we have mobiles." Rosie is right. Research[6] shows that teenage owners of mobile phones smoke less. Parents and schools are happy about it but they are worried[7] about the possible problems with mobile phones: when you are using your mobile to make or answer a phone call, scientists think it can be bad for your memory or give you cancer. Keep in touch with your friends but be careful[8]!

- Le présent simple
- Le présent en *be + V-ing*

VOCABULAIRE

[1] **useful:** utile

[2] **fashionable:** à la mode

[3] **be in trouble:** avoir des ennuis

[4] **keep in touch:** rester en contact

[5] **an owner:** un(e) propriétaire

[6] **research:** la recherche

[7] **be worried:** être inquiet(ète)

[8] **be careful:** être prudent(e)

Compréhension

1 *Right* (R) *or wrong* (W) ? Entoure la bonne réponse.

a Teenagers mostly use mobile phones to keep in touch with their grandparents.   R   W

b Teenagers think mobile phones are great.   R   W

c Business people use a mobile when they're travelling.   R   W

2 **Réponds aux questions suivantes en citant des phrases du texte.**

a Why do parents buy mobiles for their children?

....

....

b What are the possible problems with mobile phones?

....

....

Grammaire

3 Décris ces images en utilisant l'expression proposée et en conjuguant le verbe au présent simple ou au présent en *be* + V-*ing*.

a (read) an sms
Exemple : **He is reading an SMS.**

b (use) his phone

....

....

Hi Betty! How are you?

c (talk) to her best friend

Every Weekend

d (play) computer games on his mobile phone

....

....

4 Conjugue les verbes entre parenthèses en choisissant le présent simple ou le présent en *be* + V-*ing*.

a People (not appreciate) mobiles when they ring in trains.

....

b Pete (not use) his phone at the moment. It's broken.

....

c Sandy and Emily are busy this week. They (not answer) their friends' SMS.

....

5 Relie les éléments de chaque colonne pour construire une phrase correcte.

My parents • • are writing • • sending SMS on their mobiles.

John • • is calling • • messages to your friends.

My grandfather • • doesn't know • • his girlfriend at the moment.

You • • don't like • • how to write an SMS.

LE COURS

● Le présent simple

▶ **Employer le présent simple**

● Le présent simple exprime :

– une **habitude** : *You send SMS all the time.*

– une **répétition** : *He uses his mobile phone every day.*

– un **fait général** : *Teenagers love expensive mobile phones.*

● On trouve souvent le présent simple associé à des **adverbes** tels que *always, often, sometimes, never* ; et à des **verbes de gout** (*love, like, hate...*).

▶ **Conjuguer au présent simple**

● Attention ! Le verbe prend un **-s** à la **3ᵉ personne du singulier** (*he, she, it*).

● À la forme interrogative :
Do ou *does* + sujet + base verbale dans les questions.
  Does he always send SMS to his friends?

● À la forme négative :
Don't ou *doesn't* + sujet + base verbale.
  Some people don't like mobile phones.

● Le présent en *be* + V-*ing*

▶ **Employer le présent en *be* + V-*ing***

● Le présent en *be* + V-*ing* exprime :

– une **action en cours** : *I'm writing an email right now.*

– un **futur proche** : *She's buying a new mobile phone next weekend.*

● On emploie souvent le présent en *be* + V-*ing* avec des **adverbes ou des expressions** tels que *Look!, Listen!, now, at the moment, today, next, tomorrow...*

▶ **Conjuguer au présent en *be* + V-*ing***

On conjugue *be* au présent et on ajoute -*ing* à la base verbale.
  I'm phoning my sister.

L'Europe des Lumières

LE COURS

● Les philosophes des Lumières

▶ Au XVIIIᵉ siècle, les **philosophes** français **des Lumières** sont des intellectuels qui observent la vie politique, sociale et religieuse de leur époque. Ils croient à la **raison**, au **bonheur** et au **progrès** de l'humanité.

▶ Tous condamnent l'intolérance religieuse, la monarchie absolue et les privilèges. Tous défendent la **liberté d'expression**, la **justice**, la **tolérance**.

▶ **Voltaire, Rousseau, Montesquieu, Diderot** et leurs amis répandent leurs idées par leurs livres. Les salons et cafés deviennent des lieux de débats et alimentent la contestation du régime et de la société de l'époque.

Coup de pouce

● Relier deux thèmes

▶ Pour répondre aux questions, surtout la deuxième, il faut impérativement avoir en tête le cours sur Louis XIV car le sujet traité ici, la **philosophie des Lumières**, est une **réaction à l'absolutisme**.

▶ En histoire, les **périodes** sont intimement **liées** les unes aux autres par des rapports d'**opposition**, de **conséquence**, d'**amplification**…

❶ **Décris la situation politique qu'il faut éviter selon Montesquieu. (doc. 1)**

....

....

....

❷ **Comment s'appelle le régime politique que Montesquieu condamne ? (cours)**

....

....

....

❸ **Quelle est la principale caractéristique de l'homme ? (doc. 2)**

....

....

....

❹ **Quel est le premier devoir de l'homme ? (doc. 2)**

....

....

....

DOC 1
La séparation des pouvoirs

« Tout serait perdu si le même homme […] exerçait ces trois pouvoirs : celui de faire des lois, celui d'exécuter les résolutions publiques, et celui de juger les crimes ou les différends des particuliers. »

Montesquieu, *De l'esprit des lois*, 1748.

DOC 2
La liberté de l'homme : un fondement

« L'homme est né libre et partout il est dans les fers. […] Cette liberté commune est une conséquence de la nature de l'homme. Sa première loi est de veiller à sa propre conservation, ses premiers soins sont ceux qu'il se doit à lui-même. »

Jean-Jacques Rousseau, *Du contrat social*, 1762.

live!

Les volcans

① Qu'est-ce qu'un volcan ? (cours)

....

② Indique les principales caractéristiques des deux types d'éruptions connus. (doc. 1, doc. 2 et cours)

....

....

③ Quel est le volcanisme le plus dangereux et pourquoi ? (cours)

....

④ Réalise l'expérience proposée au « Point expérience ». Que nous apporte-t-elle comme information sur la consistance de la lave ?

....

DOC 1
Volcanisme explosif (lave visqueuse)

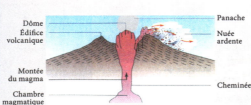

Schéma d'un volcan explosif

DOC 2
Volcanisme effusif (lave fluide)

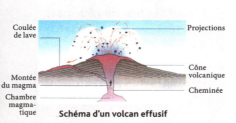

Schéma d'un volcan effusif

LE COURS

● Les éruptions
Les éruptions volcaniques **effusives** ou **explosives** sont toujours associées à des émissions de **lave** plus ou moins **liquide**, de gaz variés, et à des projections de roches solides. Les laves **fluides** forment des coulées qui s'épanchent sur les pentes du **cône** volcanique tandis que les laves **visqueuses** forment un **dôme**. Les éruptions peuvent détruire des villages, des routes et, par leur violence ainsi que par les matériaux rejetés, causer des pertes humaines. Les nuées ardentes, par exemple, dévalent les pentes du volcan à de grandes vitesses et balayent tout sur leur passage.

● À l'origine
C'est à plusieurs kilomètres de profondeur que la roche fond partiellement, à cause de la **pression** et de la **température**, pour former un mélange minéral : le **magma**. Le magma remonte à la surface, est stocké dans des **réservoirs magmatiques**, puis reprend son ascension en se refroidissant, et donne de la lave qui formera des **roches volcaniques** (basalte, andésite...). Les volcans actifs se situent au niveau des **dorsales**, des **fosses océaniques** et sur des **chaines de montagnes**.

Point expérience

● Crée toi-même différents types de coulées de lave !

▶ **Matériel nécessaire** : une feuille de papier millimétré punaisée sur une planche, du miel et de l'eau.

▶ **Protocole** : réalise trois tas sur le haut de la feuille (un avec du miel seulement, un avec autant de miel que d'eau et un dernier avec 1/3 d'eau et 2/3 de miel) puis incline le carton et observe la longueur et l'aspect des coulées obtenues.

Bilan
de la séquence 1

Français

1 Le narrateur qui n'appartient pas au récit est :
a. ☐ un narrateur interne
b. ☐ un narrateur externe

/2

2 Choisis la bonne réponse.
Ainsi ......-t-il jusqu'à Venise.
a. ☐ voguai
b. ☐ vogua
c. ☐ voguèrent

/2

3 Choisis la bonne réponse.
...... est ravie.
a. ☐ Toute la troupe
b. ☐ Peu de monde
c. ☐ Toutes les filles

/2

4 Choisis la bonne réponse.
La plupart des invités ......
(venir au futur).
a. ☐ viendra
b. ☐ viendront

/2

5 Choisis la bonne réponse.
Tout le monde ......
(attendre au présent).
a. ☐ attend
b. ☐ attendent
c. ☐ attends

/2

Maths

6 (− 7) + (+ 8) × (− 2) est égal à :
a. − 23 ☐
b. − 2 ☐
c. + 30 ☐

/1

7 (− 3) + (4) × (− 5) est égal à :
a. + 35 ☐
b. − 5 ☐
c. − 23 ☐

/1

8 (+ 30) ÷ (− 5) − (− 30) ÷ (+ 2) est égal à :
a. + 9 ☐
b. + 1 ☐
c. − 1 ☐

/1

9 (− 1) − (− 1) × (− 1) + (− 1) ÷ (− 1) est égal à :
a. +1 ☐   b. −1 ☐   c. 0 ☐

/1

Anglais

10 Choisis la bonne réponse.
Julie always (buy) new clothes at Christmas time.
a. ☐ is buying
b. ☐ buys

/1

11 Choisis la bonne réponse.
It's cool to have a comfortable car when you (travel).
a. ☐ travel
b. ☐ are travelling

/1

12 Choisis la bonne réponse.
Brian is busy. He (help) his father at the moment.
a. ☐ helps
b. ☐ is helping

/1

Histoire

13 Comment les philosophes des Lumières ont-ils contribué à changer la société française ?

....
....
....
....
....
....
....
....
....
....

/2

SVT

14 Qu'est-ce que le magma ?

....
....
....
....

/1

SÉQUENCE ②

Teste-toi avant de commencer

Français

1 *J'écoutai* est :
a. au présent ☐
b. au passé simple ☐
c. au passé composé ☐
d. au futur ☐

/2

2 L'imparfait peut avoir une valeur :
a. d'habitude ☐
b. d'action ponctuelle ☐
c. de description ☐
d. de vérité générale ☐

/2

3 La première personne du singulier du verbe *apercevoir* au passé simple est :
a. aperçois ☐
b. apercevais ☐
c. aperçus ☐
d. aperçu ☐

/2

4 La troisième personne du singulier du verbe *prendre* au passé simple est :
a. pris ☐
b. prit ☐
c. prirent ☐
d. prenait ☐

/2

Maths

5 ABC est un triangle rectangle en C.
Si $\widehat{A} = 37°$ alors $\widehat{B}$ est égal à :
a. 90°   b. 63°   c. 53°

/2

6 ABC est un triangle rectangle en C avec AB = 10, AC = 6 et BC = 8. L'aire de ABC vaut :
a. 24   b. 480   c. 30

/2

7 $(-6)^2$ est égal à :
a. -12 b. -36 c. 36

/2

Anglais

8 Le prétérit simple s'utilise :
a. pour des faits futurs ☐
b. pour des faits terminés, datés ☐
c. pour des faits en cours de déroulement ☐

/2

Géographie

9 Pourquoi les ports sont-ils importants pour le développement d'un pays ?

....

....

/2

Physique-Chimie

10 Quels sont les différents états physiques de l'eau ?

....

....

/2

Ton score   /20

Une monstrueuse araignée

> Victime d'un mystérieux nuage de pollution, Scott Carey rapetisse peu à peu. Toutes sortes de dangers le menacent…

L'araignée se manifesta vers onze heures.

Il ne savait pas qu'il était onze heures, mais il y avait encore des bruits au-dessus de sa tête ; or Lou se couchait généralement vers minuit.

5 Il entendit le grattement indolent des pattes de l'araignée à travers le couvercle du carton. En haut, en bas… avec une terrible patience, elle cherchait une ouverture.

La veuve noire. Les hommes l'avaient baptisée ainsi parce que la femelle tuait le mâle et, autant que possible, le dévorait après 10 l'accouplement.

La veuve noire. D'un noir luisant, avec un rectangle rouge étranglé sur son abdomen ovoïde* ; ce que l'on appelait son « sablier ». Une créature dotée d'un système nerveux hautement développé, douée de mémoire. Une créature dont le venin était 15 douze fois plus meurtrier que celui du serpent à sonnettes.

La veuve noire escaladant le carton qui protégeait Scott était presque aussi grosse que lui. Dans quelques jours, elle serait *aussi* grosse que lui ; quelques jours de plus et elle serait plus grosse que lui. Cette pensée le rendait malade. Comment réussirait-il alors à 20 lui échapper ?

Il *faut* que je sorte d'ici ! pensa-t-il désespérément.

Ses yeux se fermèrent, ses muscles se nouèrent à l'aveu de son impuissance. Il y avait maintenant cinq semaines qu'il essayait de sortir de la cave. Quelle chance avait-il d'y arriver quand sa taille se 25 réduisait à un sixième de ce qu'elle était quand il s'y était fait piéger ?

Richard MATHESON, *L'Homme qui rétrécit*, Denoël, 1957.

• Utiliser les temps du récit

VOCABULAIRE

* **Ovoïde :** de la forme d'un œuf.

Coup de pouce

• **Distinguer imparfait et passé simple**

Certaines formes du passé simple et de l'imparfait se prononcent de la même manière : *j'essayai / j'essayais*. Pour ne pas les confondre, remplace le pronom *je* par *il* : *il essaya / il essayait*.

Compréhension

1 **Où se trouve Scott ?**

☐ dans sa cave ☐ dans son grenier ☐ dans sa chambre

2 **Où a-t-il trouvé refuge ?**

☐ sous une planche ☐ dans un carton ☐ sur une étagère

3 **Pourquoi la situation du héros est-elle une situation d'urgence ?**

☐ Parce qu'il sera bientôt plus petit que l'araignée.

☐ Parce qu'il n'arrive plus à dormir.

Conjugaison

4 Conjugue les verbes suivants aux personnes et aux temps indiqués.

		Imparfait		Passé simple
Se noyer	Tu	....	Elles	....
	Vous	....	Nous	....
Choisir	Tu	....	Elle	....
	Nous	....	Nous	....
Revenir	Je	....	On	....
	Vous	....	Nous	....
Voir	Je	....	Je	....
	Nous	....	Il	....
Recevoir	Elle	....	Il	....
	Nous	....	Vous	....

Grammaire

5 Indique le temps et la valeur des verbes soulignés.

a Lou se couchait généralement vers minuit. (l. 3-4)

Temps : .... Valeur : ....

b Ses yeux se fermèrent, ses muscles se nouèrent. (l. 22)

Temps : .... Valeur : ....

c [...] pensa-t-il désespérément. (l. 21)

Temps : .... Valeur : ....

d Il rêvait paisiblement lorsque le réveil sonna.

Temps : .... Valeur : ....

e La mer se déchainait sous ses yeux.

Temps : .... Valeur : ....

6 Complète la terminaison des verbes en employant le passé simple ou l'imparfait selon la valeur du temps.

Chaque matin, il arriv............. avec ponctualité chez ses clients. Mais un évènement nouveau boulevers............. ses habitudes. Alors qu'il voyag............. tranquillement dans le bus, il crois............. le regard d'une jeune femme qui port............. un manteau de velours noir. Ses yeux le frapp............. avec une force telle, qu'il renvers............. son café sur ses genoux.

LE COURS

● **Les valeurs des temps**

▶ **L'imparfait**

– **Habitude**
  Tous les étés, nous voyagions.

– **Description**
  Le soleil brillait dehors.

– **Actions d'arrière-plan**
  Ils jouaient quand le vent se leva.

▶ **Le passé simple**

– **Actions uniques et ponctuelles**
  Soudain, il s'éloigna.

– **Actions enchainées**
  Elle ouvrit la porte, entra et se présenta.

– **Actions de premier plan**
  Nous jouions quand le vent se leva.

● **Conjugaisons**

▶ **Un cas particulier de l'imparfait**

Aux 1ʳᵉ et 2ᵉ personnes du pluriel, les **verbes en -ier, -yer et -iller** doublent le son [i].
  criions, essayions, brillions.

▶ **Les terminaisons du passé simple**

– **Verbes du 1ᵉʳ groupe :**
-ai, -as, -a, -âmes, -âtes, -èrent.
  Je chantai, tu refusas, il essaya.

– **Verbes du 2ᵉ groupe** et certains verbes du 3ᵉ groupe (*prendre, écrire…*) :
-is, -is, -it, -îmes, -îtes, -irent.
  Je vis, tu écrivis, il réfléchit.

– **Tenir, venir** et leurs composés :
-ins, -ins, -int, -înmes, -întes, -inrent.
  Je tins, tu vins, il retint.

– **Autres verbes du 3ᵉ groupe :**
-us, -us, -ut, -ûmes, -ûtes, -urent.
  Je sus, tu voulus, il put.

Autour de la piscine

1 La bonne bâche

Dans le jardin d'Auréliane se trouve une piscine carrée. Son père lui demande de trouver, dans un catalogue d'articles pour piscine, une bâche qui puisse la recouvrir. Les bâches proposées sont carrées.

a Complète le tableau en donnant un arrondi au centième près si le résultat n'est pas exact. Fais une croix quand c'est impossible.

Aire de la bâche (en m²)	9	25	100	−16	144	6,25	10	36	169
Côté de la bâche (en m)	3	.....	.....	.....	.....	.....	.....	.....	.....

> Repère la touche « √ » sur ta calculatrice !

b La piscine d'Auréliane mesure 12,5 m de côté.
Quelle est l'aire de la seule bâche proposée ci-dessus qui puisse la recouvrir ?

> La mesure d'un segment est sa longueur (en m), la mesure d'une surface est son aire (en m²).

....

2 La diagonale de la piscine

Lucie, la meilleure amie d'Auréliane, possède dans son jardin une piscine rectangulaire de 7 m de large et 10 m de long.

a Lucie veut nager pendant 12 m en ligne droite sans s'arrêter. Vérifie qu'elle peut le faire (applique le théorème de Pythagore).

> Dessine un rectangle ABCD avec AB = 7 et AD = 10, puis utilise une diagonale.

....

....

b Le tableau ci-dessous regroupe les dimensions des piscines de quelques amies de Lucie. Chez quelles amies Lucie peut-elle nager 12 m sans s'arrêter ?
Complète le tableau en donnant la longueur maximale, arrondie au cm, et en indiquant O pour *possible* et N pour *impossible*.

Amie	Leïla	Chloé	Louise	Zoé	Marie
Longueur AB (en m)	11	10,5	9,5	13	11,5
Largeur AD (en m)	4	6	6,5	5	3,5
Longueur maximale (en m)	.....	.....	.....	.....	.....
Possible (O/N)	.....	.....	.....	.....	.....

Lucie peut nager 12 m chez ....

• Autour du Théorème de Pythagore

• Bien écrire l'égalité

Repère d'abord l'angle droit du triangle rectangle. L'hypoténuse est le côté opposé à cet angle.

Élève au carré la longueur de l'hypoténuse et écris que cette longueur au carré est égale à la somme des carrés des deux autres côtés.

L'angle droit est en D. L'hypoténuse est donc [AT].

Écris donc : AT^2 = ... et complète l'égalité avec $AD^2 + DT^2$, ce qui donne :
$$AT^2 = AD^2 + DT^2$$

c Chez Tom, la diagonale de la piscine mesure exactement 12 m et la largeur est 7,2 m. **Quelle est la longueur de la piscine de Tom ?**

....

....

❸ Les équerres faites maison

Marc a oublié son équerre en partant en vacances, et il décide alors de s'en fabriquer une. Il découpe dans des feuilles de papier 4 triangles ABC aux dimensions suivantes :

Triangle	1	2	3	4
AB	3 cm	7 cm	1 dm	8 cm
BC	4 cm	8 cm	24 cm	1,5 dm
AC	5 cm	11 cm	26 cm	1,7 dm

a **Lesquels de ces triangles sont-ils de vraies équerres avec un vrai angle droit ? Rédige tes calculs sur une feuille.**

....

....

b **Calcule l'aire, en cm², de chacune des vraies équerres.**

....

....

....

....

L'aire d'un triangle est le produit de sa base et de sa hauteur, divisé par deux.

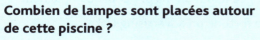
DÉFI VACANCES

Une piscine éclairée

Un architecte réalise une piscine dont la surface est composée de 2 triangles ABC et ACD, rectangles respectivement en B et en C (voir figure).

On a AB = 4 m, BC = 3 m et CD = 12 m.

Des lampes sont disposées sur le pourtour du bassin, à 1 m les unes des autres.

Combien de lampes sont placées autour de cette piscine ?

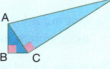
Calcule la longueur AC...

....

....

....

LE COURS

● Calculer une longueur avec le théorème de Pythagore

On utilise le théorème de Pythagore pour **calculer** une longueur d'un triangle lorsqu'on **sait** que ce triangle est rectangle.

BC = 11 cm
AB = 8 cm

ABC est rectangle en A, donc :
$BC^2 = BA^2 + AC^2$
$11^2 = 8^2 + AC^2$
$121 = 64 + AC^2$, *donc* $AC^2 = 121 - 64$,
$AC^2 = 57$, *d'où* $AC = \sqrt{57}$ *cm*
et $AC \approx 7,5$ *cm*.

● Identifier un triangle rectangle

On teste le théorème de Pythagore pour **prouver (ou nier) qu'un triangle est rectangle** (c'est-à-dire qu'il possède un angle droit) lorsqu'on connait les dimensions de ses trois côtés.

▶ Le triangle DEF avec DE = 2,5, EF = 6 et DF = 6,5 est-il rectangle ?
On a $DF^2 = 6,5^2 = 42,25$
(carré de la longueur du plus grand côté).
Et $DE^2 + EF^2 = 2,5^2 + 6^2 = 6,25 + 36$
$= 42,25$.
Puisque l'égalité $DF^2 = DE^2 + EF^2$ *est vérifiée, on peut conclure que DEF* est un triangle rectangle en E.

▶ Le triangle RST avec RS = 6, ST = 9 et RT = 11 est-il rectangle ?
On a $RT^2 = 11^2 = 121$
(carré de la longueur du plus grand côté).
Et $RS^2 + ST^2 = 6^2 + 9^2 = 36 + 81 = 117$.
Or $121 \neq 117$, *donc* $RT^2 \neq RS^2 + ST^2$.
L'égalité du théorème de Pythagore n'est pas vérifiée : RST n'est pas un triangle rectangle.

The Coca-Cola Story

Coca-Cola was invented in 1886 by a chemist[1] called John Pemberton, who lived in Atlanta. The name Coca-Cola comes from two ingredients: coca leaves[2] and cola nuts.

At first, Pemberton tried to sell Coca-Cola as a medicine and told his customers[3] it was good for headaches[4]. But they didn't buy it because they didn't believe him.

5 John Pemberton died in 1888 and a man named Asa Candler bought the recipe[5]. He decided to sell it, not as a medicine but as a drink. In 1892, he spent $12,000 on advertising it and Coca-Cola became the most famous drink in the USA.

In 1941, when the USA entered WWII[6], the
10 President of the Coca-Cola Company at that time promised to send bottles of Coke to soldiers all over the world. Five billion bottles were sent everywhere and that's why Coca-Cola is now world famous!

The recipe for Coca-Cola is kept secret in a safe[7]
15 in Atlanta and the ingredients are simply called "natural flavourings[8]". No one knows what Pemberton used to make his medicine in the first place, but when the Coca-Cola Company made a small change in the recipe in 1985, millions of people complained. The company then decided to go back to the original recipe in the safe!

• Le prétérit simple

VOCABULAIRE

1 **a chemist:** un pharmacien

2 **leaves (a leaf):** des feuilles (une feuille)

3 **customers:** clients

4 **headaches:** maux de tête

5 **recipe:** recette, formule

6 **WWII =** *World War II* (la Seconde Guerre mondiale)

7 **a safe:** un coffre-fort

8 **flavourings:** arômes

Compréhension

1 **Quel autre titre pourrait convenir au texte ? Coche la réponse de ton choix.**

❑ The Famous Coca-Cola Recipe

❑ The Most Popular Drink in the USA

❑ A Great Medicine

2 **En t'aidant des phrases du texte, rétablis la chronologie des évènements en numérotant les cases de 1 à 5.**

a The recipe was changed and millions of people complained. ❑

b Asa Candler spent a fortune on advertising Coke. ❑

c Coca-Cola became the most popular drink in the USA. ❑

d Coca-Cola was sold as a medicine. ❑

e Everywhere in the world, people discovered the famous drink. ❑

Grammaire

3 **Conjugue les verbes au prétérit simple et articule la phrase avec *when*.**

Exemple : Pemberton (invent) Coca-Cola / he (be) a chemist.
  → Pemberton invented Coca-Cola when he was a chemist.

a Asa Candler (buy) the recipe / Pemberton (die).

....

b Asa Candler (become) rich / he (sell) Coke as a drink.

....

c The Coca-Cola Company (send) bottles all over the world / the USA (enter) WWII.

....

4 **Conjugue les verbes suivants au prétérit simple.**

a People (not think) .... John Pemberton's medicine was good for them.

b Asa Candler (buy) .... the recipe in 1888.

c Where (live) .... Pemberton .... ?

d How much money (spend) .... Asa Candler

.... on advertising Coke?

e Why (become) .... Coca-Cola

.... famous?

f People all around the world (discover) .... Coke during WWII.

g The Coca-Cola Company (not want) .... other people to copy the recipe.

5 **Retrouve dix verbes au prétérit cachés dans la grille suivante.**

E	E	D	D	S	T	B
V	N	E	L	P	H	E
A	D	D	O	E	G	C
G	E	I	S	N	U	A
J	D	C	E	T	O	M
O	A	E	Y	D	B	E
C	M	D	R	A	N	K

LE COURS

● **Employer le prétérit simple**

Le prétérit simple s'utilise pour des **faits terminés, datés**.

  He died a hundred years ago.
  He invented Coke in 1886.

● **Conjuguer au prétérit simple**

▶ **À la forme affirmative**

● **Verbes réguliers :** on ajoute *-ed* ou *-d* à la base verbale.

  *discover → discover**ed***
  *decide → decid**ed***

● **Verbes irréguliers :** la forme du prétérit est à apprendre par cœur.

▶ **Aux formes négative et interrogative**

● **À la forme négative :**
didn't + base verbale.

  *He **invented** Coca-Cola.*
    *→ He **didn't invent** Coca-Cola.*

● **À la forme interrogative :**
did + sujet + base verbale.

  *He **bought** the recipe.*
    *→ **Did** he **buy** the recipe?*

Les échanges de marchandises

live!

LE COURS

● L'évolution des flux

▶ Depuis le milieu du xxᵉ siècle, les échanges internationaux ont été multipliés par environ 50.

▶ Cette progression des **flux** accompagne la **croissance économique** et s'explique par l'augmentation de la consommation, avec l'arrivée de **pays émergents** et la baisse des droits de douane.

● Les trois grands pôles

Trois pôles concentrent l'essentiel de ces échanges : **l'Amérique du Nord**, **l'Union européenne** et **l'Asie Pacifique** dont les grands ports sont reliés par de véritables autoroutes de la mer. Cela explique la **littoralisation**, à savoir la concentration d'activités sur les littoraux.

● Le transport maritime

Le transport maritime assure 90 % des échanges internationaux grâce à la généralisation des **conteneurs** qui peuvent être déplacés d'un bateau à un train ou à un avion, rapidement et à moindre cout.

Coup de pouce

● Analyser une carte

▶ **Lire** le titre, puis la légende.

▶ **Observer** ensuite la carte.

▶ **Répondre** aux questions en regardant la carte mais expliquer ces analyses par le cours, c'est-à-dire ses connaissances.

1 Quelles régions du monde dominent le commerce mondial ? (cours)

....

....

2 Quel pourcentage de la valeur des échanges totalisent-elles ? (doc.)

....

....

3 Quelles régions ont une participation faible dans ces échanges ? (doc.)

....

4 Que relient les principaux flux maritimes ? (cours et doc.)

....

DOC Pôles majeurs des échanges

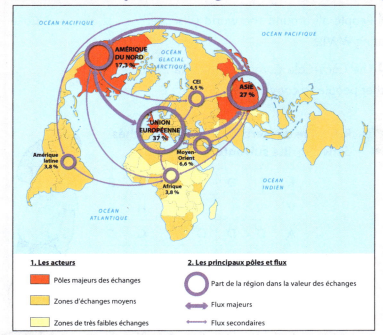

1. Les acteurs

🟥 Pôles majeurs des échanges

🟧 Zones d'échanges moyens

🟨 Zones de très faibles échanges

2. Les principaux pôles et flux

◯ Part de la région dans la valeur des échanges

⟷ Flux majeurs

⟷ Flux secondaires

* CEI : Communauté des États indépendants

L'air qui nous entoure

1 L'air est-il un mélange ? Pourquoi ? (cours)

....

....

2 Pourquoi dit-on que l'air est compressible et expansible ? (cours)

....

....

3 Quelles sont les différentes couches de l'atmosphère ? (doc.)

....

....

4 Pourquoi dit-on que le dioxygène est nécessaire à la vie ? (doc.)

....

....

LE COURS

● La composition de l'air

▶ **L'air atmosphérique est un mélange** car il est formé de plusieurs constituants.

▶ Il contient approximativement **21 % de dioxygène, 78 % de diazote et 1 % d'autres gaz**, comme l'argon. Mais il existe aussi de grandes quantités de vapeur d'eau, variables selon le climat des régions de la Terre.

● Les propriétés de l'air

▶ L'air est **transparent et incolore**. Comme tous les gaz, il n'a pas de forme propre et prend la forme du récipient dans lequel il est contenu.

▶ **Il occupe tout le volume qui lui est offert.** On peut augmenter ou diminuer le volume de l'air sans changer sa composition : **on dit que l'air est expansible ou compressible**.

▶ À 25° C, dans les conditions normales, la masse de 1 L d'air est de 1,3 g. Si on le comprime fortement en le refroidissant, il passe à l'état liquide à la température de − 191° C.

DOC

Notre atmosphère

L'atmosphère est le mélange de gaz qui entoure la Terre. Elle mesure 1 000 km dans sa partie la plus épaisse et se décompose en plusieurs couches. Elle nous protège de la chute des petites météorites qui s'y désintègrent et, grâce à la couche d'ozone, elle filtre certains rayons nocifs du Soleil.

Le dioxygène que l'atmosphère contient est indispensable à la respiration des êtres vivants.

L'air se raréfie à mesure que l'on s'élève dans l'atmosphère. L'essentiel de la masse atmosphérique est contenu dans les 40 premiers kilomètres.

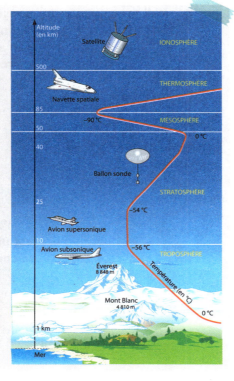

Point experience

▶ Remplis un verre d'eau à ras bord et pose sur le verre une feuille de papier qui ferme complètement le verre : il ne doit plus y avoir d'air entre le papier et l'eau.

▶ Maintiens la feuille avec une main bien ouverte et retourne rapidement le verre avec l'autre main : l'ouverture doit être horizontale.

▶ Retire la main qui maintient le papier : le verre ne se vide pas. La pression atmosphérique qui s'exerce sur le papier est supérieure à la pression exercée par l'eau du verre.

Bilan
de la séquence ❷

Français

1 **Choisis le temps qui convient.**

Voici la maison où elle ....
- **a.** ☐ naissait
- **b.** ☐ naquit
- **c.** ☐ nait

/2

2 **Choisis le temps qui convient.**

Au loin, le soleil ....
- **a.** ☐ brilla
- **b.** ☐ brillait
- **c.** ☐ a brillé

/2

3 **Choisis le temps qui convient.**

Nous .... *dehors quand la tempête se leva.*
- **a.** ☐ jouions
- **b.** ☐ jouâmes
- **c.** ☐ jouerons

/2

4 **Quelle est la valeur de l'imparfait ?**

Tous les soirs, il jouait du piano.
- **a.** ☐ la description
- **b.** ☐ l'habitude
- **c.** ☐ la durée

/2

5 **Quelle est la valeur du passé simple ?**

Il ouvrit la porte, monta l'escalier et entra dans la chambre.
- **a.** ☐ un enchainement d'actions
- **b.** ☐ des actions ponctuelles
- **c.** ☐ des actions qui durent

/2

Maths

6 **ABC est un triangle rectangle en C.**
Si AC = 8 et BC = 15 alors AB est égal à :
- **a.** 23 ☐
- **b.** 289 ☐
- **c.** 17 ☐
- **d.** 144,5 ☐

/1

7 **DEF est un triangle rectangle en E.**
Si DE = 10, DF = 26 alors EF est égal à :
- **a.** $\sqrt{776}$ ☐
- **b.** 24 ☐
- **c.** 388 ☐
- **d.** 16 ☐

/1

8 **GHI est un triangle avec GH = 3, HI = $\sqrt{18}$, IG = 3.**
Le triangle GHI est :
- **a.** rectangle non isocèle ☐
- **b.** quelconque ☐
- **c.** isocèle non rectangle ☐
- **d.** rectangle et isocèle ☐

/1

9 **JKL est un triangle avec JK = 5, KL = 6, LJ = 8.**
Le triangle JKL est :
- **a.** rectangle ☐
- **b.** isocèle ☐
- **c.** quelconque ☐
- **d.** équilatéral ☐

/1

Anglais

10 **Entoure les bonnes réponses.**

While the shopkeeper sold / was selling *a sandwich, a gangster* stole / was stealing *his money.*

/1

11 **Entoure les bonnes réponses.**

The old woman walked / was walking *when she* saw / was seeing *a gorilla.*

/1

12 **Entoure les bonnes réponses.**

Tom broke / was breaking *his leg while he* skied / was skiing *in the Alps.*

/1

Géographie

13 **Quelles sont les conséquences pour les régions qui participent peu au transport de marchandises mondial ?**

....
....
....

/2

Physique-Chimie

14 **Pourquoi dit-on que l'air est un mélange ? Quelle est la composition de l'air ?**

....
....
....

/1

Teste-toi avant de commencer

Français

1 Dans l'expression « les pierres précieuses », l'adjectif *précieuses* est :
a. épithète ☐
b. attribut ☐
c. complément du nom ☐

/2

2 Dans la phrase « Le chocolat [que j'ai bu] était délicieux. », l'expression entre crochets est :
a. Un groupe nominal, complément du nom *chocolat* ☐
b. Une proposition subordonnée relative, complément de l'antécédent *chocolat* ☐
c. Un adjectif, épithète du nom *chocolat* ☐

/2

3 Dans le groupe nominal « un roman de chevalerie », le groupe de mots souligné est :
a. un adjectif épithète ☐
b. un complément du nom ☐

/2

4 Dans la phrase « Mécontents, ils se révoltent. », l'adjectif souligné est :
a. épithète ☐
b. attribut ☐
c. apposé ☐

/2

Maths

5 La forme développée de $5(-2x-3)$ est :
a. $7x - 8$ b. $10x - 3$ c. $-10x - 15$

/2

6 La forme factorisée de $-3x + 3y - 9$ est :
a. $3(-x + y - 3)$
b. $3(-x + 3y - 9)$
c. $3(-x + y) - 9$

/2

7 Si $x = 10$, l'expression $2x^2 - 30x + 1$ est égale à :
a. -259 b. -99 c. -101

/2

Anglais

8 En anglais, *must* exprime :
a. une possibilité ☐
b. une obligation ☐
c. une envie ☐

/2

Histoire

9 En quelle année a eu lieu la Révolution française ?
a. 1769 ☐
b. 1779 ☐
c. 1789 ☐
d. 1799 ☐

/2

SVT

10 Comment appelle-t-on le point où les ondes d'un séisme arrivent en premier à la surface de la Terre ?

....

/2

Ton score ⬜ /20

Une abominable créature

Le célèbre Sherlock Holmes mène une enquête sur la mort mystérieuse de sir Charles Baskerville. Une nuit, avec son fidèle Watson (le narrateur), il est attaqué par un chien légendaire et monstrueux...

« Attention ! cria Holmes qui arma son revolver. Attention ! Le voilà ! » De quelque part au cœur de ce brouillard rampant résonna un petit bruit continu de pas précipités, nerveux. […]

Tous les trois nous le fixions désespérément, nous demandant
5 quelle horreur allait en surgir. J'étais au coude-à-coude avec Holmes, et je lui jetai un coup d'œil : son visage était livide*, mais exultant ; ses yeux luisaient comme ceux d'un loup, mais, tout à coup, ils immobilisèrent leur regard, s'arrondirent, et ses lèvres s'écartèrent de stupéfaction. Au même moment Lestrade poussa
10 un cri de terreur et s'écroula la face contre terre. Je sautai sur mes pieds ; ma main étreignit mon revolver mais ne se leva pas ; j'étais paralysé par la forme sauvage, monstrueuse qui bondissait vers nous. C'était un chien, un chien énorme, noir comme du charbon, mais un chien comme jamais n'en avaient vu des yeux de mortel. Du
15 feu s'échappait de sa gueule ouverte ; ses yeux jetaient de la braise ; son museau, ses pattes s'enveloppaient de traînées de flammes. Jamais aucun rêve délirant d'un cerveau dérangé ne créa vision plus sauvage, plus fantastique, plus infernale que cette bête qui dévalait du brouillard.
20 À longues foulées, cet énorme chien noir bondissait, le nez sur la piste des pas de notre ami. Nous étions si pétrifiés que nous lui permîmes de nous dépasser avant d'avoir récupéré la maîtrise de nos nerfs.

Puis Holmes et moi fîmes feu en même temps ; la bête poussa un hurlement épouvantable : elle avait été touchée au moins par
25 une de nos balles. Elle ne s'arrêta pas pour si peu ; au contraire, elle précipita son galop. Au loin sur le chemin nous aperçûmes Sir Henry qui s'était retourné : il était blême sous le clair de lune ; il leva les mains, horrifié, regardant désespérément l'abominable créature qui fonçait sur lui.

Sir Arthur Conan Doyle, *Le Chien des Baskerville*, © Éditions Robert Laffont, 1975.

- **Identifier les expansions du nom**

VOCABULAIRE

* **Livide :** blême.

Coup de pouce

- **Distinguer complément du nom et épithète**

L'épithète est collé au nom alors que le complément du nom est toujours introduit par une préposition.

un chien féroce ≠ un chien de compagnie
épithète   compl. du nom

Compréhension

1 **Combien de personnages sont présents dans cette scène ? Nomme-les.**

Sherlock   Watson   Lestrade   Sir Henry
le chien

2 **Qui voit le chien en premier ?**

☒ Holmes   ☐ Lestrade   ☐ Sir Henry

3 Comment les différents personnages réagissent-ils à l'approche du molosse ?

L'éléphant paralysé reprend ses esprits

peur toujours

Grammaire

4 Les adjectifs suivants sont-ils épithètes ?

noir (l.13) *oui* blême (l. 27) *oui* abominable (l. 28) *oui*

5 Souligne dans le texte les compléments du nom des lignes 20 à 25.

6 Relève dans l'ensemble du texte trois propositions subordonnées relatives et leur antécédent.

....

....

7 **a** Complète ce texte à l'aide de pronoms relatifs.

Au moment ......*où*...... Lestrade, ...*que*...... j'avais oublié dans ma précipitation et ......*qui*...... poussa un cri de terreur, s'écroula la face contre terre, je sautai sur mes pieds ; j'étais paralysé par la forme sauvage, monstrueuse ......*que*...... nous voyions bondir vers nous.

b Indique si le narrateur est un homme ou une femme. Justifie ta réponse à l'aide d'un indice grammatical.

....

....

8 Que peut-on dire de l'atmosphère créée par les expansions du nom dans cet extrait ? Elle est :

☐ terrifiante   ☐ inquiétante   ☐ palpitante

Orthographe

9 Réécris la deuxième phrase du texte (l. 2 et 3) en remplaçant « brouillard » par « brume », « bruit » par « musique » et « pas » par « course ».

De quelque part au cœur de ......*cette*...... brume ......*sombre*...... résonna ......*une petite*...... musique ......*continue*...... de course ......*visionale*...... .

LE COURS

● **À quoi servent les expansions du nom ?**

Pour accentuer le **caractère visuel** d'une scène et permettre au lecteur de mieux imaginer ce qu'il décrit, l'écrivain a recours à des **expansions du nom**, qui **caractérisent** les personnages ou les lieux de la scène.

● **Les expansions du nom**

▶ **L'épithète** est un adjectif directement lié au nom ou séparé du nom par des virgules et qui le caractérise.

La jeune fille, surprise, se mit à crier.
   épithète   épithète

▶ **Le complément du nom**

C'est un nom qui complète un nom ou un adjectif par l'intermédiaire d'une **préposition**, le plus souvent **de**.

Il portait une veste de chasse.
                    complément du nom

▶ **La proposition subordonnée relative**

C'est une **proposition** qui complète le nom, appelé **antécédent**, et qui est liée à celui-ci par un **pronom relatif** (*qui, que, quoi, dont, où*…).

Il passa un manteau
              antécédent
[qui lui donnait un air inquiétant].
        proposition subordonnée relative

▶ **L'apposition**

C'est un nom, groupe nominal ou adjectif qui désigne la même chose qu'un nom, séparé par des virgules.

Le chasseur, un homme sombre, me terrifiait.
              apposition

Un peu d'énergie

1 L'énergie cinétique

L'énergie E contenue dans un corps en mouvement dépend de sa masse m (kg) et de sa vitesse v (en mètres par seconde [m.s^{-1}]). Elle s'exprime en joules (J) et s'appelle l'énergie cinétique. Elle est responsable du fait que l'on est projeté en avant quand on freine brutalement. Elle se calcule par la formule $E = \dfrac{mv^2}{2}$.

Complète le tableau en calculant l'énergie cinétique dans chaque cas.

Corps	Piéton	Coureur	Cycliste	Moustique	Camion
m (en kg)	50	50	70	0,000 012	10 000
v (en m.s^{-1})	1	2,2	7,5	20	7,5
E (en J)	……	……	……	……	……

2 Au bord du ruisseau

Adèle a installé dans un ruisseau une turbine qui produit de l'électricité. La quantité d'électricité (en Wh, wattheure) est donnée en fonction du débit x du courant (en m³/h) par la fonction f d'expression : $f(x) = x\,(100 - x)$.

Raye les propositions fausses :

	Pour connaitre	il suffit de calculer :	
1	l'électricité produite par un débit de 10 m³/h	a) l'image de 10	b) l'antécédent de 10
2	le débit d'eau qui produit 2 500 Wh	a) l'image de 2 500	b) l'antécédent de 2 500
3	l'antécédent de 1 600 par f	a) $f(1\,600)$	b) $f(20)$

3 Au soleil

Jean a le choix entre trois panneaux solaires A, B et C pour fabriquer les 6 000 W d'électricité dont a besoin sa maison. Leur production dépend des angles que fait le toit de sa maison avec le sol (x) et le Nord (y) :

$A = 3x^3 - x + 7x^2 + 9x^3 - 4x \qquad B = 5y^2 - 12 + 9y^2 + 4y - 8y^2$
$C = x^2 + y^2 + 75x + y^2 - y + 9x + 5$

Les données du toit de la maison de Jean sont $x = 45$ et $y = 10$. Aide-le à choisir un modèle.

- Calcul littéral
- Notion de fonction

Coup de pouce

● Calculer une image

Une fonction transforme un nombre a (l'antécédent) en un autre nombre noté $f(a)$ (l'image de a).

Pour calculer $f(a)$, on utilise la formule $f(x)$ en remplaçant x par a.

Calculer $f(3)$ lorsque $f(x) = 2x^2 - 4x + 1$.
On remplace x par 3 partout dans l'égalité :
$f(3) = 2 \times 3^2 - 4 \times 3 + 1$ et on calcule ce qui est à droite :
$f(3) = 2 \times 9 - 12 + 1$
$\quad\ = 18 - 12 + 1 = 7$
Donc $f(3) = 7$.

a **Réduis chaque expression.**

$A = 3x^3 - x + 7x^2 + 9x^3 - 4x$

= ....

= ....

$B = 5y^2 - 12 + 9y^2 + 4y - 8y^2$

= ....

= ....

$C = x^2 + y^2 + 75x + y^2 - y + 9x + 5$

= ....

= ....

b **Remplace x par 45 et y par 10 dans chaque expression trouvée dans la question** **a**. **Calcule le résultat.**

A = ...

....

B = ...

....

C = ...

....

c **Quel panneau doit choisir Jean ?** ....

DÉFI VACANCES

Une turbine efficace (suite de l'exercice 2)

Adèle fait fonctionner sa turbine pendant 10 heures.
Le ruisseau a un débit régulier de 10 m³/h durant les 3 premières heures.
Un violent orage augmente  alors subitement ce débit à 60 m³/h pendant 5 heures, puis le ruisseau retrouve son débit normal.

Complète les pointillés :
L'électricité produite correspond à
$3 \times f(10) + \ldots\ldots \times f(60) + \ldots\ldots \times \ldots\ldots$
soit par conséquent .... Wh.

LE COURS

● **Remplacer une lettre par sa valeur**

Pour calculer une expression littérale pour une valeur donnée de la variable, on remplace cette **variable** par la valeur proposée à **chaque** endroit où intervient cette variable dans l'expression littérale.

Soit $A = x^2 - 3x + 5$.
Pour $x = 6$, on calcule $6^2 - 3 \times 6 + 5$, ce qui donne $36 - 18 + 5$, donc 23.

● **Réduire une expression**

▶ C'est regrouper et ajouter tous les termes **de même nature** à l'intérieur d'un calcul, de sorte à ne garder qu'un représentant de chaque type.

$B = 3x - 2y + 7x + 5 - y$ se réduit en $B = 10x - 3y + 5$.
$C = 5x + 6x^2 + 3 - 13x + x^2$ se réduit en $C = 7x^2 - 8x + 3$.

▶ Quand une expression ne contient qu'une seule variable, on « **l'ordonne** » ensuite dans le sens des puissances décroissantes.

● **Utiliser une fonction**

▶ Quand, dans l'égalité $f(x) = 4x + 7$, on remplace x par 3, on a :
$f(3) = 4 \times 3 + 7$, soit $f(3) = 19$.
3 est l'**antécédent** de 19 par f.
19 est l'**image** de 3 par f.
f est appelée **la fonction** d'expression $f(x) = 4x + 7$.

▶ Grâce à elle, on peut calculer les **images** par f d'autres nombres, comme 5, 10… : $f(5) = 27, f(10) = 47$.

▶ On peut aussi trouver des **antécédents** par f d'autres nombres comme 7, 23… :
7 a pour antécédent 0 par f car $f(0) = 7$.
23 a pour antécédent 4 par f car $f(4) = 23$.

Street Basketball

Streetball is an urban form of basketball, played on playgrounds or gymnasiums in the USA as a way for young people to keep out of trouble[1] and avoid problems such as juvenile crime and drugs.

5 Usually only one side of the court is used, but the rules of the game are very similar to those of professional basketball.

✓ There are 12 minutes in a quarter of a game.

✓ You must try to score in 24 seconds and you should cross from backcourt[2] to frontcourt in 8 seconds.

10 ✓ If you do not dribble while walking or running across the court then the ball must go to the opposing team.

✓ Neither the offense nor the defense can stay in the free throw lane[3] for longer than 3 seconds.

15 ✓ You can't touch the ball when it is going down from the backboard[4] or air.

✓ You mustn't hold on to the rim[5] or the net[6] for too long while on offense or you will receive a technical foul[7] and a $500 fine[8].

20 ✓ You mustn't push, pull, or hold, etc. another player.

✓ You shouldn't get more than 6 personal fouls if you want to stay in the game.

✓ You mustn't disrespect an official, physically contact an official or use profanity[9]. A flagrant foul is when you start a
25 fight or cause major injury[10].

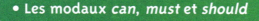
• Les modaux *can, must* et *should*

VOCABULAIRE

[1] **keep out of trouble:** se tenir à l'écart des ennuis

[2] **backcourt:** l'arrière du terrain

[3] **free throw lane:** ligne de tir

[4] **backboard:** panneau

[5] **the rim:** l'anneau, l'arceau

[6] **the net:** le filet

[7] **a foul:** une faute

[8] **a fine:** une amende

[9] **profanity:** injures blasphématoires

[10] **an injury:** une blessure

Compréhension

1 Ces affirmations sont toutes fausses. Corrige-les en citant des phrases du texte.

a Physical contact with an official is permitted.

....

b Street basketball was created to promote crime and drug dealing.

....
....

c It's not a problem if you hold on to the rim or the net for too long.

....
....

Grammaire

2 Ces phrases expriment-elles une possibilité, une obligation, une interdiction ou un conseil ?

	Possibilité	Obligation	Interdiction	Conseil
a You should cross the playground in less than 8 seconds.	❏	❏	❏	❏
b You mustn't push another player.	❏	❏	❏	❏
c You can stay in the free throw lane for 2 seconds.	❏	❏	❏	❏
d You must try to score in 24 seconds.	❏	❏	❏	❏

3 Entoure le modal qui convient le mieux à la situation.

a He's very tall and he plays football. He *can't / mustn't / should* play basketball.

b Look! She's pulling Tina's T-shirt! She *must / mustn't / can* do that, it's against the rules!

c You *can't / must / should* touch the ball when it is going down from the backboard or air.

4 Cinq joueurs ne respectent pas les règles du jeu. Écris des phrases pour dire ce que chacun doit ou ne doit pas faire pour rester dans le jeu.

Exemple : **a** *He mustn't hold another player.*

b ....

c ....

d ....

e ....

LE COURS

● Can / can't

▶ **Can** exprime **la capacité** (1) ou **la possibilité** (2).
 (1) I can play basketball very well.
 (2) You can hold on to the rim, but not for too long.

▶ **Can't** exprime **l'incapacité** (1) ou **l'interdiction** (2).
 (1) They can't play basketball, they're very bad at it.
 (2) She can't stay in the free throw lane for more than 3 seconds.

● Must / mustn't

▶ **Must** exprime **une obligation**.
 A basketball player must score in 24 seconds.

▶ **Mustn't** exprime **une interdiction**.
 You mustn't push another player.

● Should / shouldn't

▶ **Should** (1) et **shouldn't** (2) expriment **un conseil**.
 (1) My best friend is very tall. He should play basketball.
 (2) You shouldn't smoke if you want to be a good basketball player.

● Place des modaux

À la forme interrogative, les modaux se placent en **première position** dans la phrase.
 Can he play basketball?
 Should he dribble while walking?

La Révolution française : l'abolition des privilèges

Nathan live!

LE COURS

● La fin de la monarchie

▶ En juillet 1789, la France n'est plus une monarchie absolue. En effet, face à Louis XVI contraint de l'accepter, une **assemblée** représentant la **nation** souveraine (l'Assemblée nationale constituante) s'apprête à rédiger une **constitution** dont les principes sont inspirés de la philosophie des Lumières et de la **« Déclaration des droits de l'homme et du citoyen »**.

▶ Le **14 juillet 1789**, le peuple de Paris prend part à la Révolution en s'emparant de la **Bastille**.

● L'abolition des privilèges

▶ En province, une « **Grande Peur** », fondée sur des rumeurs d'un retour brutal de l'absolutisme, s'empare des campagnes : les paysans réagissent en attaquant les châteaux.

▶ Les députés **abolissent** les **privilèges** de la noblesse et du clergé le **4 aout 1789**. C'est toute la société d'Ancien Régime qui s'effondre.

Coup de pouce

● Enchainer des évènements et des idées

▶ Noter que les trois questions soulèvent trois idées logiquement liées : la Grande Peur, la réaction des paysans, la réaction de l'Assemblée à Paris.

---

① **Quelle rumeur colporte le laboureur Célarié ? Comment appelle-t-on cet épisode ? (doc. 1)**

....

....

② **Comment réagissent les paysans ? (doc. 2)**

....

....

③ **Pourquoi le 4 aout 1789 marque-t-il la fin de la société d'Ancien Régime ? (cours et doc. 3)**

....

....

DOC 1
La Grande Peur

« M. le comte d'Artois vient, accompagné de quarante mille hommes, tous des brigands [...] et autres criminels qui étaient dans les prisons pour former sa troupe [...] il voulait ravager la France et dompter le tiers état. »

Célarié, laboureur, cité dans Georges Lefebvre, *La Grande Peur*, Paris, Armand Colin, 1970.

DOC 2
La révolte des paysans

« Tous s'étaient attroupés dans l'intention de dévaster les châteaux et maisons et de s'affranchir des redevances [...] ils étaient excités par la haine qu'ont toujours eue les pauvres contre les riches. »

Lieutenant criminel de bailliage [juge des affaires criminelles dans un domaine dirigé par un bailli], cité dans Georges Lefebvre, *op. cit.*

DOC 3
L'abolition des privilèges

« Le vicomte de Noailles propose à l'Assemblée le 4 août que "l'impôt sera payé par tous les individus du royaume [...] les corvées seigneuriales [...] et autres servitudes personnelles seront détruites". »

Cité in Albert Mathiez, *La Révolution française*, Paris, Armand Colin, 1963.

Les séismes

1 Sur la carte des fonds océaniques, mets en évidence les zones sismiques principales. (cours et doc. 2)

....

....

....

2 Fais l'expérience avec les morceaux de sucre proposée au « Point expérience ». Décris la propagation des ondes sismiques et les dégâts occasionnés après avoir observé les résultats.

....

....

....

LE COURS

● En surface
▶ Les séismes se manifestent par des secousses, des vibrations du sol.
▶ Lorsque **l'intensité** du **séisme** est assez élevée, celui-ci provoque des **failles** et des **déformations** à la surface de la Terre, engendrant parfois des **dégâts** sur l'habitat humain.

● À l'origine
▶ En profondeur, au niveau du **foyer**, des **contraintes** s'exercent en permanence sur les roches. Cela conduit à une **accumulation d'énergie** qui finit par provoquer leur **rupture** au niveau d'une **faille**.
▶ Des **ondes sismiques** se propagent alors dans toutes les directions. Les premières ondes arrivant en surface atteignent un point particulier : **l'épicentre**, et « la Terre se met à trembler ». En s'éloignant de l'épicentre, l'amplitude des ondes sismiques diminue progressivement et leurs effets aussi. Les séismes se produisent surtout le long de l'axe des **dorsales océaniques**, à l'aplomb des **fosses océaniques** et dans les **chaines de montagnes**.

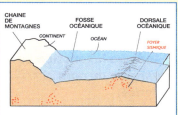

DOC 1
Représentation de la propagation des ondes sismiques

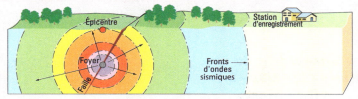

DOC 2
Carte des fonds océaniques

Point expérience
▶ Sur une table, dispose des morceaux de sucre sur des ronds concentriques que tu auras tracés à la craie ; au centre de ce dispositif donne un coup de marteau.
▶ Observe le comportement de tes morceaux de sucre.
▶ Pour en savoir plus sur les séismes, fais quelques recherches sur Internet.

Bilan

de la séquence ❸

Ton score ⬚ **/20**

Français

1 **Choisis le pronom relatif qui convient.**

Le film .... je t'ai parlé sort mercredi.
a. ☐ que
b. ☐ dont
c. ☐ qui

/2

2 **Indique la fonction de l'expansion du nom soulignée.**

Le train, très rapide, met moins de deux heures.
a. ☐ épithète
b. ☐ apposition
c. ☐ attribut

/2

3 **Indique la fonction de l'expansion du nom soulignée.**

Le dernier livre que j'ai lu était passionnant.
a. ☐ complément du nom
b. ☐ proposition subordonnée relative

/2

4 **Indique la fonction de l'expansion du nom soulignée.**

Les enfants du président sont arrivés les premiers.
a. ☐ épithète
b. ☐ complément du nom

/2

5 **Indique la fonction de l'expansion du nom.**

Les chats noirs sont souvent très malins.
a. ☐ épithète
b. ☐ complément du nom

/2

Maths

6 **Par quelle fonction 2 a-t-il pour image 3 ?**
a. $f : x \rightarrow x - 2$ ☐
b. $g : x \rightarrow 2x - 4$ ☐
c. $h : x \rightarrow 3x - 3$ ☐
d. $k : x \rightarrow 4x - 2$ ☐

/1

7 **Par quelle fonction 2 a-t-il pour antécédent 3 ?**
a. $f : x \rightarrow x - 2$ ☐
b. $g : x \rightarrow 2x - 4$ ☐
c. $h : x \rightarrow 3x - 3$ ☐
d. $k : x \rightarrow 4x - 2$ ☐

/1

8 **Soit g telle que $g(x) = x(x - 3)$.**
Coche les égalités vraies :
a. $g(3) = 0$ ☐
b. $g(x) = x^2 - 3x$ ☐
c. $g(-1) = -4$ ☐
d. $g(x) = x^2 - 3$ ☐

/1

9 **La forme réduite de $B = 3(x - y + 2) - 2(3x - 2y) + x + y + 4(2x + 5)$ est :**
a. $B = 3x - 2y + 12$ ☐
b. $B = 10x - 2y + 7$ ☐
c. $B = 6x + 2y + 26$ ☐

/1

Anglais

10 **Choisis la bonne réponse.**

They .... open this window. It's broken. (interdiction)
☐ can't
☐ shouldn't
☐ mustn't
☐ should

/1

11 **Choisis la bonne réponse.**

He has a lot of talent.

He .... become a professional painter. (conseil)
☐ can
☐ should

/1

12 **Choisis la bonne réponse.**

To play rugby, your brother .... be very strong. (obligation)
☐ must
☐ can

/1

Histoire

13 **Quelles sont les principales étapes de la Révolution populaire de 1789 ?**

....
....
....
....
....
....
....

/2

SVT

14 **Qu'est-ce que l'épicentre d'un séisme ?**

....
....
....
....
....
....

/1

Teste-toi avant de commencer

Français

1 Dans la phrase « Mon frère est heureux. », *heureux* est :
a. COD ☐
b. épithète ☐
c. attribut ☐
d. COI ☐

/2

2 Dans « Je le vois. », *le* est :
a. COD ☐
b. sujet ☐
c. COI ☐
d. attribut ☐

/2

3 Le COD correct dans la phrase « Je ... envie de partir en voyage aussi souvent. » est :
a. lui ☐
b. leur ☐
c. le ☐
d. l' ☐

/2

Maths

Le quadrilatère ABCD est un :
a. losange   b. parallélogramme
c. rectangle

4 Le quadrilatère ABCD est un :
a. losange   b. parallélogramme
c. rectangle

/2

Maths

5 Par la symétrie d'axe (DC), l'image de ABCD est :
a. verte   b. bleue   c. rouge

/2

6 Par la symétrie de centre C, l'image de ABCD est :
a. verte   b. bleue   c. rouge

/2

Anglais

7 Coche la bonne réponse.
En anglais, tous les comparatifs de supériorité se forment de la même façon.
a. Vrai ☐
b. Faux ☐

/3

Géographie

8 Parmi ces grandes villes mondiales, laquelle n'est pas une capitale politique ?
a. Londres ☐
b. Tokyo ☐
c. New York ☐
d. Paris ☐

/3

Physique-Chimie

9 Coche la bonne réponse.
Un mélange peut être constitué d'un seul constituant.
a. Vrai ☐
b. Faux ☐

/2

Ton score /20

Incompréhensions

> Julien, jeune champion de natation, finit par douter de lui après ses récentes contre-performances en sport et à l'école.

– J'ai eu sept.

– C'est nul !

Le reproche le heurte comme une gifle. Il ne sait pas comment se défendre.

5 – J'étais pas très bien…

Elle hausse les épaules. Elle n'y croit pas. Elle a raison : il n'y croit pas non plus. Il aurait envie de passer le bras autour de sa taille, de la serrer contre lui très fort. Mais il sait qu'il n'a pas le droit. Pas ici. Alors il ne fait rien.

10 – Et toi ? s'enquiert-il, désireux de changer de sujet de conversation.

Elle ne renonce pas comme ça.

– Tu passes trop de temps à nager, insiste-t-elle. C'est ça, ton problème.

Cette discussion, ils l'ont déjà eue cent fois. Cent fois en deux 15 mois. Elle ne supporte pas qu'il aille nager tous les soirs, à la seule heure où elle peut l'appeler au téléphone discrètement, sans que sa mère le sache.

– Mais c'est différent, en ce moment… C'est super-important, la Vittel Cup*…

20 – Tu parles… C'est toujours « super-important »…

Il le sait, il en faudrait plus pour l'amadouer. Il se sent désolé, impuissant. Aussi impuissant que devant son père avachi dans le fauteuil, qui regarde un match dont il n'arrive même pas à retenir les scores.

25 Au moment de s'asseoir, il tente d'effleurer sa main. Elle la retire. Le repas passe. Elle mange ses spaghettis d'un air appliqué, sans presque le regarder. Elle répond mal à ses questions, trop vite, à côté. Elle ne sourit pas à ses blagues. Mais peut-être sont-elles mauvaises, tout simplement.

30 Une fois dehors, elle se tourne à moitié vers lui.

– Ben… salut.

– Salut.

Il se sent comme un chien qui quête un sucre. Quelle image atroce ! Il essaie de s'en débarrasser au plus vite.

Marie LEYMARIE, *Le Défi*, © Syros, « Les uns les autres », 2006.

Compréhension

1 a Qui sont les deux personnages du texte ?

☐ Julien et sa mère   ☐ Julien et sa petite amie   ☐ Julien et sa sœur

b Souligne une phrase qui le prouve.

• Identifier le complément d'objet
• Identifier l'attribut du sujet

VOCABULAIRE

* **Vittel Cup :** compétition de natation.

Coup de pouce

● **Ne pas confondre l'attribut du sujet et le COD**

Julien reste mon ami.
     attribut du sujet
➜ *Julien = mon ami.*
Julien a vu mon ami.
       COD
➜ *Julien n'est pas mon ami.*

2 **Ils se disputent parce que Julien s'intéresse trop :**

☐ à la natation   ☐ à sa scolarité   ☐ à la gastronomie

Grammaire

3 **Relève les compléments d'objet des l. 1 à 9 et classe-les selon leur nature.**

Noms communs : ....

Pronoms : ....

Verbe à l'infinitif : ....

Proposition subordonnée : ....

4 **Indique si les pronoms en gras sont des COD ou des COI. Dis ensuite ce qu'ils remplacent.**

a Elle n'**y** croit pas. (l. 6)
y est .... ; il remplace ....

b Cette discussion, ils **l'**ont déjà eue cent fois. (l. 14).
l' est .... ; il remplace ....

c [...] à la seule heure où elle peut **l'**appeler au téléphone discrè-tement. (l. 15-16) :
l' est .... ; il remplace ....

d Il **le** sait. (l. 21)
le est .... ; il remplace ....

e Elle **la** retire. (l. 25-26)
la est .... ; il remplace ....

5 **Parmi les adjectifs suivants extraits du texte, souligne les quatre qui, dans le texte, sont attributs du sujet.**

bien (l. 5) – désireux (l. 10) – désolé (l. 21) – impuissant (l. 22) – avachi (l. 22) – appliqué (l. 26) – mauvaises (l. 29) – atroce (l. 33).

Orthographe

6 **Réécris les phrases des lignes 21-24 en remplaçant « il » par « elle », « son père » par « sa mère » et en faisant toutes les modifications nécessaires.**

Elle le sait, ...

....

....

....

LE COURS

● Les compléments d'objet

▶ **COD et COI**

– Certains verbes sont liés directement à un complément : le **complément d'objet direct**.
Il fait <u>ses devoirs</u>.

– Certains verbes (*penser, parler...*) sont liés par une préposition (*à, de...*) à leur complément : le **complément d'objet indirect**.
Il a rêvé <u>de toi</u> la nuit dernière.

▶ **Nature des compléments d'objet**

Un complément peut être :

– un **groupe nominal** ;
J'ai acheté <u>le même disque</u>.

– un **pronom** ;
Je <u>l'</u>ai vu.

– un **verbe à l'infinitif** ;
Je l'envie <u>de savoir si bien chanter</u>.

– une **proposition**.
Je pense <u>que tu as tort</u>.

● L'attribut du sujet

▶ Les compléments (adjectifs ou noms) du sujet du verbe ***être*** ou d'un autre **verbe d'état ou attributif** (*sembler, paraitre...*) sont **attributs du sujet**.
Il semble <u>malheureux</u>.

Géométrie au palais

1 La céramique

En visitant le palais de l'Alhambra, en Andalousie, Lou observe le pavage ci-dessous.

a **Lou pense que la même translation envoie le motif 1 sur le 4 et le motif 5 sur le 15. Es-tu d'accord ? Justifie ta réponse.**

....

....

....

b **Complète les phrases suivantes :**

• La translation qui envoie le motif 19 sur le motif 4 envoie le motif 6 sur le motif ......

• La translation qui envoie le motif 12 sur le motif 17 envoie le motif ..... sur le motif 3.

• La translation qui envoie le motif 19 sur le motif ...... envoie le motif 8 sur le motif 22.

2 Le stuc gravé

Plus loin dans le palais, Lou se retrouve face à un mur décoré de cet entrelacs :

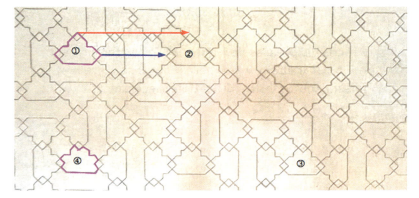

• Translations

Construire l'image B' d'un point B par la translation qui envoie C sur A

▶ Pique le compas sur B et trace un arc de rayon AC.

▶ Pique le compas sur A et trace un arc de rayon BC.

▶ B' est le point d'intersection des deux arcs.

▶ Vérifie que AB'BC est un parallélogramme.

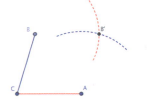

a Lou voit qu'une translation envoie le motif 1 sur le motif 2, mais ne sait pas si c'est suivant la flèche rouge ou la flèche bleue. **Aide Lou à décider et explique ta réponse :**

....

....

....

b **Trace la flèche précise de la translation qui envoie le motif 3 sur le motif 2, et d'une autre couleur la flèche de la translation qui envoie le motif 3 sur le motif 1.**

c **Existe-t-il une translation qui envoie le motif 1 sur le motif 4, tels qu'ils ont été détourés en rose ? Explique ta réponse :**

....

....

DÉFI VACANCES

Lou décide à son tour de réaliser un pavage à partir du motif vert et en complétant le cadre rectangulaire uniquement à l'aide des deux translations de flèches rouge et bleue. Elle réussit ainsi à dessiner 6 motifs supplémentaires dans le cadre. **Peux-tu faire mieux et, si oui, combien de motifs au maximum peut-on dessiner dans le cadre avec ces translations ?**

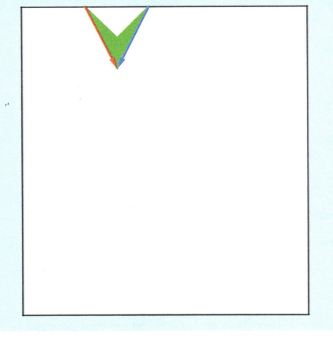

LE COURS

● Une translation

▶ C'est un **glissement parallèlement à une droite**, suivant un sens et une longueur donnés. Elle ne transforme pas la figure initiale.

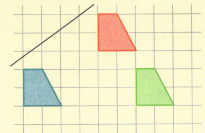

La translation horizontale, vers la droite et de longueur 6 carreaux, envoie la figure bleue sur la verte.

La translation parallèlement à la droite noire, vers le haut et de longueur 5 carreaux, envoie la figure bleue sur la rouge.

▶ Une translation se représente par une flèche indiquant direction, sens et longueur.

▶ Une translation **conserve les longueurs**, donc un motif et son image par une translation sont superposables.

▶ Une translation transforme une droite en une droite parallèle, donc un polygone et son image par une translation ont leurs côtés parallèles deux à deux.

▶ Lorsqu'on reproduit un motif plusieurs fois avec une même translation, on obtient une **frise**. Si on utilise une deuxième translation non parallèle à la première, on obtient un **pavage**.

The Dangers of Computer Games

In the 1980s, companies like Atari (USA) and Sega (Japan) created games for arcades[1] and home entertainment[2]. Gameboy soon became the most successful[3] video game console. In
5 the following years, as video games got more complex and captivating than before, the media started reporting that the most vulnerable teenagers were addicted[4] to computer games.

Simple sports and driving games are an older
10 concept than virtual reality games and they were cheaper at the time of their first release. Today's games are more expensive and sometimes more violent when their objectives are to kill the weakest[5] people. This generation of games contains sex, crime, violence, profanity and drug use, which is more dangerous to teenagers than their parents can imagine.
15 Specialists say that playing violent video games can make teenagers more aggressive and violent and can damage concentration and self-control[6].

Online games are games played over the Internet. They incorporate complex graphics and virtual worlds populated by many players simultaneously. The problem with these games is that the player can't stop playing if he wants to be
20 the best! Some people call this phenomenon "cyberspace heroin[7]".

• Le comparatif de supériorité et le superlatif

Compréhension

1 **Quel autre titre pourrait convenir au texte ? Coche la réponse de ton choix.**

❏ Violence and Aggressiveness in Video Games.

❏ A Great Way of Spending Time.

❏ Online Games are the Best.

2 **Numérote les idées dans l'ordre où elles apparaissent dans le texte.**

a New-generation video games are violent. ....

b Today's video games are expensive. ....

c The first computer game consoles appeared in the 1980s. ....

d Teenagers' addiction to video games isn't a new problem. ....

e Online games prevent people from having a normal life. ....

f Playing violent video games can change your personality. ....

Grammaire

3 **Compare les éléments comme dans l'exemple.**

Exemple : Old games are (cheap) .... new games.
→ Old games are **cheaper than** new games.

a Tom is (addicted) .... to video games .... his brother.

b Today's games are (violent) .... before.

c In the 1980s, arcade games were (easy) .... today.

d Some games are (dangerous) .... to teenagers .... their parents think.

4 **Traduis les phrases suivantes.**

a *Fortnite* est le jeu en ligne le plus à la mode en ce moment.
....

b Les jeux de réalité virtuelle sont les jeux les plus amusants.
....

c Les pires jeux vidéo sont ceux qui rendent les ados accros.
....

5 **Kate, Ted et Elliot viennent d'acheter chacun un jeu vidéo : un jeu de simulation, un jeu d'action et un jeu de sport. En t'aidant des affirmations et du tableau ci-dessous, retrouve qui a acheté quel jeu et à quel prix.**

Exemple : Kate's game is the cheapest one.

a Ted doesn't like action games.

b The action game is the most expensive.

c The sport game is cheaper than the simulation game.

	Game	Price
Kate	simulation	16 €
	action	20 €
	sport	30 €
Ted	simulation	16 €
	action	20 €
	sport	30 €
Elliot	simulation	16 €
	action	20 €
	sport	30 €

LE COURS

● Le comparatif de supériorité

On l'utilise pour **comparer deux éléments**.
Old games are cheaper than new games.

	Comparatif de supériorité
Adjectifs courts (1 ou 2 syllabes)	adj. + **-er** + **than** *cheaper than, easier than*
Adjectifs longs	**more** + adj. + **than** *more interesting than*
Exceptions	*good → better* *bad → worse* *far → further*

● Le superlatif

▶ On l'utilise pour établir la **supériorité d'un élément sur tous les autres**.
This is the most captivating game of the year.

	Superlatif
Adjectifs courts (1 ou 2 syllabes)	**the** + adj. + **-est** *the cheapest, the easiest*
Adjectifs longs	**the most** + adj. *the most interesting*
Exceptions	*good → the best* *bad → the worst* *far → the furthest*

▶ Attention aux changements d'orthographe :
– pour les **adjectifs en -e** *(nice)*, on n'ajoute que -r ou -st *(nice → nicer → the nicest)* ;
– les **adjectifs en -y** *(funny)* transforment le y en i *(funny → funnier → the funniest)* ;
– les adjectifs d'une syllabe (1 voyelle simple entre 2 consonnes) **doublent la consonne finale** *(big → bigger → biggest)*.

Géographie

Les grandes villes mondiales

LE COURS

● Les métropoles

▶ Plus de la moitié de la population mondiale vit en ville. De grandes **métropoles** se sont constituées. Ces villes mondiales concentrent de fortes densités de population et de nombreuses **fonctions de commandement**.

▶ Elles détiennent un **pouvoir financier** (bourse, grandes banques), **économique** (sièges sociaux d'**entreprises transnationales**), **intellectuel** (universités, centres de recherche) et **culturel**. Certaines exercent une **fonction politique** de commandement en tant que capitale.

▶ Ces villes sont reliées entre elles et au reste du monde par les transports et les télécommunications et jouent donc un rôle essentiel dans la **mondialisation**.

▶ **New York**, **Londres** et **Tokyo** sont les métropoles qui ont la plus forte influence sur le monde.

Coup de pouce

● Analyser un paysage

▶ **Identifier** les différents plans de la photographie : le premier plan, en bas de l'image, un second plan et l'arrière-plan, la partie de l'image qui semble le plus loin.

▶ Puis **observer**, **trouver** des indices qui, à l'aide de connaissances (cours), permettront de **décrire** et d'**expliquer** ce que l'on voit.

1 Quel pourcentage de la population actuelle vit en ville ? (cours)

....

....

2 Quels sont les critères qui définissent une métropole ? (cours)

....

....

3 Énumère les différents pouvoirs que peut détenir une ville mondiale. (cours)

....

....

4 Décris le paysage industrialo-portuaire de Shanghai. Que voit-on au premier plan ? À l'arrière-plan ? (doc.)

....

....

....

DOC
Zone industrialo-portuaire de Shanghai

Les constituants d'un mélange

1 Le jus d'orange, l'eau pétillante et la boisson à la menthe sont-ils des mélanges ? Justifie ta réponse. (doc. 1)

....

....

2 Cite deux manières d'éliminer la pulpe du jus d'orange. (doc. 2)

....

....

....

3 Comment obtient-on une boisson pétillante ? (cours)

....

....

4 Une eau minérale est-elle seulement constituée d'eau ?

Pour répondre à cette question, observe une étiquette d'eau minérale.

....

....

LE COURS

● **Définition d'un mélange**

▶ Un **mélange** est formé au moins de **deux constituants**. Les constituants solides ne se distinguent pas toujours à l'œil nu dans un liquide car ils peuvent **se dissoudre** dans ce liquide.

● **Décantation et filtration**

▶ La **décantation** et la **filtration** permettent de séparer les constituants solides visibles et les liquides.

▶ **Pour décanter, on laisse reposer le mélange.** Les matières solides, plus lourdes, tombent au fond du récipient. On recueille le liquide placé au-dessus.

▶ **On peut améliorer la séparation en effectuant une filtration :** on fait passer le liquide qui contient des matières solides en suspension à travers un papier filtre qui retient ces matières solides et on recueille le liquide.

● **Les eaux pétillantes**

▶ Les eaux pétillantes contiennent un gaz dissous incolore et inodore, le **dioxyde de carbone**.

▶ On peut dégazer une boisson pétillante en l'agitant ou en la chauffant.

DOC 1
Diverses boissons d'été

Léa ne sait plus quelle boisson choisir pour se rafraichir : eau et sirop de menthe, jus d'orange, eau pétillante avec glaçon, eau minérale…

DOC 2
La filtration

Bilan
de la séquence ❹

Français

1 **Choisis la bonne réponse.**
Nous pensons la même chose que vous.
a. ☐ *la même chose* est COI
b. ☐ *la même chose* est COD

/2

2 **Choisis la bonne réponse.**
Ils leur ont tout dit.
a. ☐ *leur* est COI
b. ☐ *leur* est COD

/2

3 **Choisis la bonne réponse.**
Il a rêvé d'un monstre.
a. ☐ *d'un monstre* est COI
b. ☐ *d'un monstre* est COD

/2

4 **Choisis la bonne réponse.**
Les petits chats sont tigrés.
a. ☐ *tigrés* est attribut du sujet
b. ☐ *tigrés* est épithète

/2

5 **Choisis la bonne réponse.**
Mon frère est pilote.
a. ☐ *frère* est attribut du sujet
b. ☐ *pilote* est attribut du sujet

/2

Maths

6

Colorie l'image du motif rouge par :
a. la translation qui envoie le motif bleu sur le motif vert
b. la symétrie de centre Z
c. la translation représentée par la flèche rouge

/4

Anglais

7 **Mets l'adjectif au superlatif ou au comparatif selon le contexte.**
Video games are (violent) ....
.. before.

/1

8 **Mets l'adjectif au superlatif ou au comparatif selon le contexte.**
This boy is (funny) ....
.... pupil in the class.

/1

9 **Mets l'adjectif au superlatif ou au comparatif selon le contexte.**
This new film is (good) ....
.... old westerns.

/1

Géographie

10 **Paris est-elle une ville mondiale ? Justifie ta réponse.**

....
....
....
....
....

/1

Physique-Chimie

11 **Cite deux méthodes pour séparer un liquide des matières solides qu'il contient. Explique.**

Un liquide limpide peut-il être un mélange ? Donne un exemple.

....
....
....
....
....
....
....

/2

Teste-toi avant de commencer

Français

1 Coche la bonne réponse.

« Heureux qui comme Ulysse a fait un beau voyage » est un vers de :

a. 12 syllabes ☐
b. 13 syllabes ☐
c. 14 syllabes ☐
d. 15 syllabes ☐

/2

2 Dans la phrase « Tous les matins, je bois du thé. », le présent exprime :

a. le futur proche ☐
b. la vérité générale ☐
c. l'habitude ☐

/2

3 La première personne du singulier du verbe *prendre* au présent de l'indicatif est :

a. prend ☐
b. prends ☐
c. prenons ☐

/2

Maths

4 $\dfrac{-2}{7} + \dfrac{5}{7}$ est égal à :

a. $\dfrac{3}{14}$
b. $\dfrac{-7}{7}$
c. $\dfrac{3}{7}$

/2

5 $\dfrac{1}{3} + \dfrac{1}{6}$ est égal à :

a. $\dfrac{2}{9}$
b. $\dfrac{2}{6}$
c. $\dfrac{1}{2}$

/2

6 $\dfrac{2}{3} \times \dfrac{5}{7}$ est égal à :

a. $\dfrac{10}{21}$
b. $\dfrac{210}{21}$
c. $\dfrac{7}{10}$

/2

Anglais

7 En anglais, pour exprimer la possession dans une question, on utilise le mot :

a. who ☐
b. when ☐
c. whose ☐

/2

Histoire

8 Quelles sont les institutions mises en place par Napoléon Bonaparte ?

a. l'école ☐
b. le Code civil ☐
c. le collège ☐
d. le lycée ☐
e. les grandes écoles ☐
f. la Légion d'honneur ☐
g. la Banque de France ☐

/4

SVT

9 Comment appelle-t-on la période où la personnalité et le corps de l'adolescent changent ?

....

/2

Ton score ☐ /20

« Énigme »

Je suis sur la terre et sous terre, et sur l'eau,
Je suis au cœur de ceux qui cherchent la louange[1] ;
Je respire sans vie, et l'on me croit si beau
Que quand on me veut peindre, on me peint comme un ange ;

5 C'est à changer toujours que jamais je ne change,
Mon corps est tout poumon, je n'ai ni chair ni peau,
Je suis bon à la braise, et mauvais au flambeau,
Et l'on tend dans les airs le piège où l'on me range.

À faire avoir du pain utilement je sers,
10 Je déclare la guerre et forme les concerts,
Le duelliste est fou qui contre moi s'escrime.

Je fais quand il me plaît par un contraire effort[2],
Et mourir le bois vif, et vivre le bois mort,
Et redonne la mort au bois mort que j'anime.

Martial DE BRIVES (poète français du XVIIe siècle).

Compréhension

1 **Combien le poème comprend-il de strophes, de vers, de rimes différentes et de syllabes par vers ?**

...... strophes   ...... vers   ...... rimes différentes   ...... syllabes par vers

2 **Entoure dans le texte les lieux où on trouve celui qui dit « Je ».**

3 **a** **Dans les deux dernières strophes, quelles actions le « Je » du poème peut-il faire ?**

☐ Manger du pain.
☐ Rendre fou.
☐ Entretenir un feu de bois.
☐ Déclarer la guerre.
☐ Tuer un adversaire.

☐ Jouer de la musique.
☐ Cuire du pain.
☐ Forger des armes.
☐ Renverser des arbres.
☐ Hanter les forêts.

b **Quel est le point commun de ces actions ?**

☐ l'art   ☐ le danger   ☐ le souffle

4 **Qui est « Je » selon toi ?**

☐ l'eau   ☐ le feu   ☐ le vent

- Lire un poème
- Conjuguer au présent de l'indicatif

VOCABULAIRE

[1] **La louange :** les compliments.

[2] **Un effort :** une action.

Coup de pouce

● **Attention à l'infinitif des verbes !**

Pour conjuguer les verbes au présent, il faut identifier leur infinitif pour les distinguer : *tu cries* (1er groupe) / *tu réfléchis* (2e groupe *-ir/-issons*) / *tu écris* (3e groupe) ; *il remue* (1er groupe) / *il conclut* (3e groupe) ; *j'envoie* (1er groupe) / *je crois* (3e groupe).

Grammaire

5 Quelle est la valeur du présent dans le poème ?

....

6 **ⓐ** Complète les verbes suivants au présent.

• Tous les étés, il se rend.............. en Corse.

• Regarde par la fenêtre, le soleil brill...............

• Au moment où Benjamin pousse la porte, un énorme chien surg.............. de nulle part.

• Je te retrouv.............. dans une heure.

ⓑ Donne la valeur du présent dans chacune des quatre phrases précédentes.

Phrase 1 : ....

Phrase 2 : ....

Phrase 3 : ....

Phrase 4 : ....

Conjugaison

7 Souligne dans les vers indiqués les formes verbales au présent, et conjugue-les aux personnes demandées.

Vers	Tu	Il	Ils
1	....	....	....
4	....	....	....
	....	....	....
8	....		....
	....	....	....
9	....		....

Orthographe

8 Réécris les vers 3 et 4 en remplaçant « on » par « ils ».

....

....

....

....

LE COURS

● **Le présent de l'indicatif**

▶ **Les valeurs du présent**

– **Énonciation** : *Il arrive (en ce moment).*

– **Futur proche** : *J'arrive dans cinq minutes.*

– **Narration** : *À ce moment-là, les révolutionnaires arrivent aux Tuileries.*

– **Vérité générale** : *Qui se donne du mal arrive toujours à tout.*

– **Habitude** : *Tous les matins, il arrive sur son vélo.*

▶ **Les terminaisons**

Verbes du 1er groupe (*chanter...*)	-e, -es, -e, -ons, -ez, -ent
Verbes du 2e groupe (*finir...*)	-is, -is, -it, -issons, -issez, -issent
3e groupe — en -re, en -indre et -oudre (*croire, peindre, résoudre...*)	-s, -s, -t, -ons, -ez, -ent
en -dre (*vendre*)	-ds, -ds, -d, -ons, -ez, -ent
pouvoir, valoir, vouloir	-x, -x, -t, -ons, -ez, -ent

● **L'écriture poétique**

▶ Un poème est généralement composé de **strophes** divisées en **vers** qui **riment** deux par deux.

▶ Pour connaitre le nombre de **syllabes** d'un vers :
– **on ne compte pas** les *e* à la fin du vers ni devant une voyelle ;
– **on compte** les *e* devant une consonne.

Le du-elliste est fou qui contre moi s'escrime

douze syllabes (alexandrin)

En piste l'artiste !

1 Jongleur de boites

Un jongleur a jonglé avec 4 boites portant chacune un numéro. Il a obtenu les 4 dispositions ci-dessous en les empilant dans une seule main. Il prétend que si ces piles étaient des fractions, il y aurait deux inverses et que le produit des 4 fractions ferait 1.

a Calcule chacune des 4 fractions A, B, C et D.

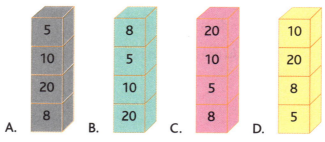

A.	B.	C.	D.
5	8	20	10
10	5	10	20
20	10	5	8
8	20	8	5

$A = \dfrac{\frac{5}{10}}{\frac{20}{8}}$

$= \dfrac{5}{10} \times \dfrac{8}{20}$

$= \dfrac{40}{200} = \dfrac{1}{5}$

B = ...

= ....

= ....

C = ...

= ....

= ....

D = ...

= ....

= ....

b Coche les bonnes cases.

Affirmation du jongleur	Vrai	Faux
1. Il y a des inverses parmi A, B, C et D.		
2. On a A × B × C × D = 1.		

Si tu as répondu vrai au 1, précise quels sont ces inverses.

....

c Parmi les 8 calculs ci-dessous, il n'y a en réalité que 4 résultats différents. Entoure, puis relie ceux qui donnent le même résultat.

$\dfrac{5}{10} + \dfrac{20}{8}$ $\dfrac{8}{20} - \dfrac{2}{10}$ $\dfrac{5}{10} \div \dfrac{8}{20}$ $\dfrac{10}{5} - \dfrac{6}{8}$

$\dfrac{5}{10} \times \dfrac{8}{20}$ $\dfrac{10}{5} \div \dfrac{8}{20}$ $\dfrac{5}{2} + \dfrac{20}{8}$ $\dfrac{10}{5} \times \dfrac{20}{8} - \dfrac{10}{5}$

• Calcul avec des fractions

Coup de pouce

● **Simplifier une fraction**

Avant d'opérer avec des fractions, tu peux essayer de les simplifier en cherchant un diviseur commun au numérateur et au dénominateur, en te rappelant de tes tables et des critères de divisibilité !

Calculer $\dfrac{135}{180} \times \dfrac{49}{35}$

135 et 180 sont divisibles par 5 et 9.

49 et 35 sont dans la table de 7.

On écrit donc :

$\dfrac{5 \times 9 \times 3}{5 \times 9 \times 4} \times \dfrac{7 \times 7}{7 \times 5}$

et il reste $\dfrac{3}{4} \times \dfrac{7}{5} = \dfrac{3 \times 7}{4 \times 5} = \dfrac{21}{20}$.

2 Partage de la recette du spectacle

Notre jongleur fait partie de 4 troupes de cirque. Il reçoit $\frac{1}{15}$ de la recette du spectacle de la troupe A, $\frac{3}{20}$ de celle de la troupe B, $\frac{1}{5}$ de celle de la troupe C et $\frac{7}{40}$ de celle de la troupe D.
Chaque troupe perçoit 1 200 € par mois.

a Calcule le montant que gagne le jongleur auprès de la troupe C.

....

....

b La fraction de 1 200 qui représente ses gains auprès des troupes A et C est $\frac{1}{5} + \frac{1}{15}$. Calcule cette fraction.

....

....

c Quelle fraction de 1 200 lui vient des troupes B et D ? Donne une expression simplifiée de cette fraction.

....

....

d Utilise tes réponses aux questions **b** et **c** pour dire quelle fraction de 1 200 lui vient des 4 troupes A, B, C et D. Donne une expression simplifiée de cette fraction.

....

....

DÉFI VACANCES

Grande fraction !

Calcule :

$$1 + \cfrac{1}{1 + \cfrac{1}{1 + \cfrac{1}{1 + \cfrac{1}{1}}}}$$

....

....

....

....

LE COURS

● Inverse d'un nombre

▶ Deux nombres sont **inverses** si leur **produit vaut 1**.

On note $\frac{1}{x}$ l'inverse de x si $x \neq 0$.

L'inverse de 2 est 0,5 (ou $\frac{1}{2}$).

▶ L'inverse de la fraction $\frac{a}{b}$ est la fraction $\frac{b}{a}$.

L'inverse de $\frac{4}{3}$ est $\frac{3}{4}$.

● Multiplier deux fractions

▶ On multiplie les deux numérateurs et on multiplie les deux dénominateurs.

$$\frac{3}{5} \times \frac{8}{7} = \frac{3 \times 8}{5 \times 7} = \frac{24}{35}$$

● Ajouter deux fractions avec un dénominateur commun

On cherche un **multiple commun** aux deux dénominateurs et on écrit les deux fractions avec ce dénominateur commun.

Pour calculer $A = \frac{2}{3} + \frac{5}{7}$, on prend 3×7, soit 21 comme dénominateur commun :

$$A = \frac{2 \times 7}{3 \times 7} + \frac{5 \times 3}{7 \times 3} = \frac{14}{21} + \frac{15}{21}$$

$$= \frac{14 + 15}{21} = \frac{29}{21}.$$

● Diviser par une fraction

▶ Au lieu de diviser par une fraction, on **multiplie par l'inverse** de cette fraction.

$$\frac{\frac{2}{3}}{\frac{5}{7}} = \frac{2}{3} \div \frac{5}{7} = \frac{2}{3} \times \frac{7}{5} = \frac{2 \times 7}{3 \times 5} = \frac{14}{15}.$$

▶ **Attention**, pour **multiplier** deux fractions, il est **inutile de réduire** au même dénominateur.

Fantasy: a New World of Adventure

Whose idea was *The Lord of the Rings?* J.R.R. Tolkien's of course! He wrote this wonderful story in the 1940s for his children's pleasure. Fantasy was born…

Fantasy is a genre that uses magic and other supernatural forms
5 as elements in the story. The genre associates the life, society or human nature of the European Middle Ages[1] with their architecture, dress and technology. Fantasy world is a type of imaginary world in a fictional universe where magic and magical beings[2] are commonplace[3]. Often knights[4] or magicians have a quest to accomplish to save their king's or princess's lives
10 and defeat evil forces[5]. In fantasy worlds, there are a lot of dragons, unicorns[6], trolls and elves. Many fantasy worlds depend on real world history, geography and also on folklore.

Apart from Tolkien, there are now many authors who became famous for their writings in the past decades. In Robert Jordan's *The Wheel of Time*, only some
15 women can wield[7] the One Power magical ability[8]. The saga centres on a man, Rand al'Thor, who is supposed to save the world. His fate is to defend the world from evil forces while fighting his own growing insanity[9]. Raymond E. Feist's *The Riftwar Cycle* is brilliant and the world of *Midkemia* was originally created as an alternative to the *Dungeons & Dragons* role-playing game.

● L'expression de la possession

VOCABULAIRE

1 **the Middle Ages:** le Moyen Âge

2 **magical beings:** les êtres magiques

3 **commonplace:** courant, ordinaire

4 **knights:** des chevaliers

5 **evil forces:** les forces du mal

6 **unicorns:** des licornes

7 **wield:** exercer, manier

8 **ability:** talent, capacité

9 **insanity:** démence, folie

Compréhension

1 **Relis attentivement le texte et coche les bonnes réponses.**

a Why did Tolkien write *The Lord of the Rings*?

❑ He wanted a wonderful story for his children.

❑ He loved magicians.

❑ He wanted to be a famous author.

b What are the main characteristics of the fantasy genre?

❑ Fantasy world is a type of imaginary world in our universe.

❑ The genre associates today's life, society or human nature with their technology.

❑ Fantasy is a genre that uses magic and other supernatural forms as elements in the story.

c What are the five magical beings mentioned in the text?

❑ Knights, trolls, dragons, unicorns and witches.

❑ Magicians, trolls, elves, unicorns and dragons.

❑ Fairies, magicians, knights, unicorns and elves.

Grammaire

2 **Écris des questions avec le mot interrogatif *whose* et réponds en utilisant les mots proposés.**

Exemple : sword - King Arthur → *Whose sword is it? It's King Arthur's.*

a ring – Bilbo

....

b wand – Gandalf

....

c castle – the elves

....

3 **En lisant le texte encadré, complète l'arbre généalogique de Bilbo Baggins, puis complète les phrases pour retrouver les liens de parenté de la famille Baggins.**

> Bilbo Baggins is Bungo Baggins and Belladona Took's son. Longo and Belba are Bungo's brother and sister. Laura Grubb and Mongo Baggins are Longo's parents.

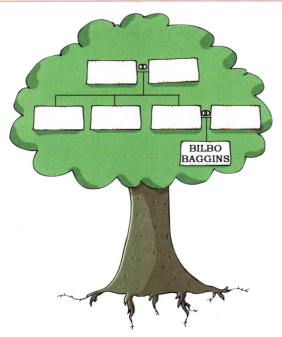

BILBO BAGGINS

a Who are Laura and Mongo to Bilbo?

They are ....

b Who is Longo to Bilbo?

He is ....

c Who is Laura to Bungo?

She is ....

LE COURS

● **'s de la possession (le génitif)**

▶ Il permet de faire le lien entre **le possesseur** (un être vivant généralement) et **ce qui est possédé**.
Tolkien's best book is The Lord of the Rings.
The magician's name is Gandalf.

▶ Quand le mot est au **pluriel** et se termine par un *s*, on ajoute uniquement l'apostrophe.
The teenagers' favourite character is Frodo.

▶ Lorsque le **possesseur est un objet**, on exprime la possession avec *of*.
The door of the castle is broken.

● **Whose = à qui, de qui**

▶ Pour exprimer la possession dans **une question**, on utilise le mot interrogatif **whose**.

▶ Il y a deux manières de poser la question (seul l'ordre des mots change).
Whose book is it? It's Tolkien's (book).
Whose is this book? It's Tolkien's (book).

Du Consulat à l'Empire : Napoléon Bonaparte

LE COURS

● Le règne de Napoléon

Suite à un coup d'État, Napoléon devient **Premier consul** de 1799 à 1804, puis **empereur** jusqu'à sa chute en 1815. Il établit un **régime autoritaire** qui met fin à dix années de révolution.

● L'œuvre de Napoléon

▶ Il met en place une politique de **centralisation** à l'aide de **préfets** qui sont en charge des provinces.

▶ Les opposants politiques sont pourchassés, la **censure** veille sur la culture.

▶ Pour assurer la stabilité de la **nouvelle société**, Bonaparte jette ce qu'il appelle les **« masses de granit »** : le **Code civil** qui unifie les lois, la **Légion d'honneur**, les **grandes écoles**, les **lycées**, la **Banque de France**.

La bourgeoisie, soutien du régime, est satisfaite de ce retour à l'ordre social.

Coup de pouce

● Vers le brevet, le développement construit

Pour la question 4, il faut synthétiser les thèmes abordés dans les autres questions et les connaissances acquises : c'est la base d'un développement construit tel qu'on le demandera pour le brevet.

---

1 Quelle est la base de la société selon le Code civil ? (doc. 1)

....

....

2 Quel est le rôle de la Banque de France ? (doc. 2)

....

....

3 Qui peut être décoré de la Légion d'honneur ? (doc. 3)

....

....

4 Comment Napoléon a-t-il bâti une nouvelle société ? (cours et docs)

....

....

....

DOC 1

Code civil de mars 1804 : Discours préliminaire

« Les vertus privées peuvent seules garantir les vertus publiques : et c'est par la petite patrie, qui est la famille, que l'on s'attache à la grande ; ce sont les bons pères, les bons maris, les bons fils qui font les bons citoyens. »

Édition originale du *Code civil* français, 1804.

DOC 2
Loi de 1803

« L'association formée à Paris sous le nom de Banque de France aura le privilège exclusif d'émettre des billets de banque. »

DOC 3
Loi du 19 mai 1802

« Sont membres de la Légion d'honneur tous les militaires qui ont reçu les Armes d'honneur. Pourront y être nommés […] les citoyens qui, par leur savoir, leurs talents, leurs vertus, ont contribué à établir ou à défendre les principes de la République. »

Devenir apte à se reproduire

1 D'après toi, en quoi l'adolescence est-elle une période qui peut être difficile à vivre ?

....

2 Complète le tableau suivant. (cours + docs 1 et 2)

	Chez la femme	Chez l'homme
a. Début du fonctionnement de l'appareil génital		
b. Fin du fonctionnement de l'appareil génital		
c. Fonctionnement cyclique ou continu ?		
d. Production de quels gamètes et en quelle quantité ?		
e. Voies génitales		
f. Nom de l'organe d'accouplement		

3 D'après le doc. 3, explique pourquoi on dit que l'adolescent(e) est « en pleine poussée de croissance » ?

....

4 Sur le graphique du doc. 3, situe ta taille et celle de tes frères et sœurs.

DOC 1
Schéma de l'appareil génital de la femme

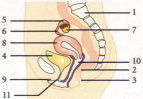

1 colonne vertébrale
2 rectum
3 anus
4 vessie
5 pavillon (x 2)
6 trompe (x 2)

7 ovaire (x 2)
8 utérus
9 clitoris
10 vagin
11 orifice urinaire

DOC 2
Schéma de l'appareil génital de l'homme

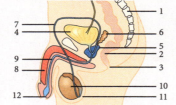

1 colonne vertébrale
2 rectum
3 anus
4 vessie
5 prostate
6 vésicule séminale (x 2)

7 spermiducte (x 2)
8 pénis
9 urètre
10 testicule (x 2)
11 bourse (x 2)
12 orifice urogénital

LE COURS

● La reproduction

Lors de la puberté (vers 10-14 ans), la personnalité et le corps de l'adolescent(e) se modifient, les organes génitaux commencent à fonctionner.

▶ **L'appareil génital masculin** produit du **sperme** lors des éjaculations. Le sperme contient des millions de **spermatozoïdes**, qui sont les **gamètes** ou cellules reproductrices mâles, ainsi que le liquide produit par les vésicules séminales et la prostate. Les spermatozoïdes sont produits **en continu** au niveau des **testicules**.

▶ **Chez la femme,** un écoulement de sang au niveau de la vulve, appelé **règles**, se produit tous les 28 jours en moyenne et pendant une durée de 4 à 5 jours. Ce saignement correspond à la destruction partielle de la paroi de **l'utérus**.

▶ **De la puberté jusqu'à la ménopause**, les **ovaires** de la femme produisent des **ovules** (gamètes femelles). Tous les 28 jours en moyenne, un des ovaires expulse un ovule : c'est **l'ovulation**.

▶ Le **cycle ovarien** a la même durée que le **cycle utérin**. Les deux cycles sont ajustés : l'ovulation se produit le 14e jour du cycle en moyenne. Le début d'un cycle correspond au 1er jour des règles.

DOC 3
Croissance théorique d'une fille et d'un garçon

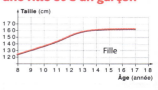

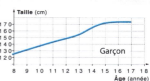

Bilan
de la séquence ❺

Français

1 Coche la terminaison qui convient.

Quels documents recherch......
tu ?
a. ☐ -e
b. ☐ -es
c. ☐ -ent

/2

2 Coche la terminaison qui convient.

Je repren...... toujours du pain.
a. ☐ -ds
b. ☐ -d
c. ☐ -s

/2

3 Coche la terminaison qui convient.

La voisin rep...... le portail.
a. ☐ -eint
b. ☐ -aint
c. ☐ -eind

/2

4 Quelle est la valeur du présent dans cette phrase ?

Tout vient à point à qui sait attendre.
a. ☐ présent de vérité générale
b. ☐ présent de narration
c. ☐ présent d'habitude

/2

5 Quel est le nom de ce vers ?

La rue assourdissante autour de moi hurlait. (Baudelaire)
a. ☐ un octosyllabe
b. ☐ un alexandrin

/2

Maths

6 Entoure la bonne réponse pour chaque expression.

Expression	A	B	C
$\dfrac{2}{3} \div \dfrac{7}{5}$	$\dfrac{14}{15}$	$\dfrac{10}{21}$	$\dfrac{9}{8}$
$\dfrac{1}{3} + \dfrac{2}{5}$	$\dfrac{3}{8}$	$\dfrac{11}{15}$	$\dfrac{3}{15}$
$\dfrac{7}{5} - \dfrac{2}{5} \times \dfrac{1}{3}$	$\dfrac{1}{3}$	$\dfrac{5}{-10}$	$\dfrac{19}{15}$
$1 \div \left(\dfrac{-7}{6} \right)$	$\dfrac{-6}{7}$	$\dfrac{-7}{6}$	$\dfrac{-6}{6}$

/4

Anglais

7 Choisis la bonne traduction en anglais.
Les jouets des enfants.
☐ the toys of the children
☐ the children's toys

/1

8 Choisis la bonne traduction en anglais.
La porte de la maison.
☐ the house's door
☐ the door of the house

/1

9 Choisis la question correspondant à cette réponse.
It's Paul's book.
☐ Who is Paul?
☐ Whose book is this?

/1

Histoire

10 Fais une synthèse de l'œuvre de Bonaparte.

....
....
....
....
....
....
....
....
....
....
....

/2

SVT

11 Qu'est-ce qu'un gamète ?

....
....
....
....
....
....
....

/1

SÉQUENCE ⑥

Teste-toi avant de commencer

Français

1 Les marques du discours direct sont :
a. la virgule ☐
b. le tiret ☐
c. les guillemets ☐
d. les points de suspension ☐ **/2**

2 La phrase « Elle a demandé comment il allait. » est :
a. au discours direct ☐
b. au discours indirect ☐ **/2**

3 À l'impératif, il existe :
a. 2 personnes ☐
b. 3 personnes ☐
c. 6 personnes ☐ **/2**

4 Transforme la phrase suivante au discours indirect : « Il annonça : "Je vais recevoir mes amis demain". »

.... **/2**

Maths

5 ABC est un triangle.
Si $\widehat{A} = 37°$ et $\widehat{C} = 42°$ alors $\widehat{B}$ est égal à :
a. 77°
b. 101°
c. 5° **/2**

6 ABC est un triangle isocèle en C.
Si $\widehat{C} = 42°$ alors $\widehat{B}$ est égal à :
a. 69°   b. 138°   c. 42° **/2**

7 Si $7 = \dfrac{x}{3}$ alors x est égal à :
a. $\dfrac{3}{7}$
b. $\dfrac{7}{3}$
c. 21 **/2**

Anglais

8 Avec *since*, *already*, *for*, on emploie le plus souvent :
a. le prétérit simple ☐
b. le *present perfect* ☐ **/2**

Géographie

9 Où se trouve la Mégalopolis américaine ?
a. Sur la côte ouest ☐
b. Au sud ☐
c. Au nord-est ☐ **/2**

Physique-Chimie

10 Lorsque deux lampes L_1 et L_2 sont montées en dérivation, que se passe-t-il pour la lampe L_2 si la lampe L_1 est court-circuitée ?

....
.... **/2**

Ton score **/20**

Mère et fille

Rachel, une adolescente américaine, a des relations difficiles avec ses parents, particulièrement avec sa mère qui se prénomme comme elle et qu'elle appelle donc « Rachel 2 ».

Maman pose sa couture.

– Vous avez bien fêté le départ d'Adrian ? demande-t-elle.

– Je suppose, oui, dis-je en me laissant tomber sur le canapé.

Je ne peux cacher ma tristesse et d'ailleurs je n'essaie même pas
5 de le faire.

– Les amis vont et viennent, Rachel, remarque prosaïquement[1]
maman. C'est la vie.

– Va-t-il falloir te placer en soins intensifs[2] pour que tu t'en
remettes ? plaisante papa.
10   Il plaisante énormément, surtout à propos des choses sérieuses.

– Ça se pourrait bien.

– Et d'où vient ce sweat-shirt ? demande Rachel 2.

Elle fait tout ce qu'elle peut pour éviter de voir ce qui se passe en
moi, ce qui la gêne terriblement.
15   – C'est Adrian qui me l'a donné.

Je regarde l'espèce de sac à patates trop grand, informe et taché
que je porte et je souris. Chaque fois que je le mettrai, je penserai
à Adrian. Je sentirai ses bras dans les manches. J'ai du mal à croire
que la seule chose tangible[3] qui me reste, c'est un bout de tissu sur
20 lequel restent encore accrochées quelques cellules d'Adrian.

– Il va falloir le passer à la machine, annonce Rachel 2.

– Ne le lave pas, s'il te plaît.

Rachel 2 rit nerveusement.

– Tu en trouveras d'autres, des Adrian, dit-elle.
25   Je sais ce qu'elle veut dire, mais je ne veux pas l'entendre.

Kate BANKS, *Ne fais pas de bruit*, traduction de l'américain par Anne Krief,
© Gallimard Jeunesse, « Scripto », 2003.

Objectifs :
- Rapporter des paroles
- Conjuguer à l'impératif

VOCABULAIRE

[1] **Prosaïquement :** de façon terre à terre.

[2] **Soins intensifs :** service hospitalier de réanimation.

[3] **Tangible :** que l'on peut toucher.

Coup de pouce

Distinguer impératif et présent de l'indicatif

Bien qu'au singulier, la 2ᵉ personne du présent de l'impératif s'apparente à celle du présent de l'indicatif, il n'y a pas de -s pour les verbes du 1ᵉʳ groupe et *aller* : Tu viens / Viens !, mais Tu restes / Reste ! Tu vas / Va !

Compréhension

1 **Qui est :**

a **le narrateur ?** ☐ Adrian ☐ Rachel 2 ☐ Rachel

b **le personnage absent dont il est question ?**
☐ Jake ☐ Adrian ☐ Tom

2 **Pourquoi Rachel est-elle triste ?**

☐ À cause du départ d'Adrian.
☐ Parce qu'il a oublié son sweat-shirt.
☐ À cause de sa mère.

Expression

3 **Transcris au discours indirect les phrases suivantes en employant la ponctuation qui convient. Attention : le temps du récit est le passé simple !**

a – Vous avez bien fêté le départ d'Adrian ? demanda-t-elle.

Elle ....

b – Ne le lave pas, s'il te plait.

Je ....

c – Tu en trouveras d'autres, des Adrian, dit-elle.

Elle ....

4 **Complète la transposition au discours direct : conjugue le verbe et ajoute l'incise.**

a Il lui demanda si elle viendrait cet été.

– ....-tu cet été ? lui demanda...........................

b Le directeur répondit qu'il avait été retenu par une tempête.

– .... par une

tempête, ...

Orthographe

5 **Conjugue les verbes suivants aux trois personnes du présent de l'impératif.**

Venir : ....

En acheter : ....

Y aller : ....

S'assoir : ....

6 **Réécris les phrases suivantes :**

a comme si Rachel s'adressait directement à sa mère :

« Elle fait tout ce qu'elle peut pour éviter de voir ce qui se passe en moi. »

....

....

b comme si la mère de Rachel était la narratrice :

« Je sais ce qu'elle veut dire, mais je ne veux pas l'entendre. »

Elle ....

....

LE COURS

● Les paroles rapportées

▶ **Au discours direct**

– Les paroles prononcées sont aux **temps du discours**.

– Un **alinéa** et un **tiret** précèdent les paroles.

– Une **proposition incise**, avec verbe de parole au temps du récit et inversion du sujet, indique qui parle et comment.

    – D'où vient-il ? <u>me demanda-t-elle</u>.
                proposition incise

▶ **Au discours indirect**

– Les paroles sont **intégrées au récit** sans tiret ni alinéa.

– Au passé, la **concordance des temps** s'applique ainsi dans la **subordonnée** :

Discours direct	Discours indirect
passé composé	→ plus-que-parfait
présent	→ imparfait
futur	→ conditionnel

Elle me demanda d'où il <u>venait</u>.

● Le présent de l'impératif

– Il n'a que **trois personnes** : *tu, nous* et *vous*. Ces pronoms n'apparaissent pas dans les phrases à l'impératif.

– Attention : à la **2e personne du singulier**, la terminaison des verbes du 1er groupe est **-e**, sauf s'ils sont suivis des pronoms *y* ou *en*.

    goute<u>-</u>la, mais *goute<u>s</u>-y*

À la recherche du trésor perdu

1 Une chasse au trésor

a En fouillant le grenier, Laurian trouve la grille de cosinus de son ancêtre Gaël le marin.

Complète la grille en donnant l'arrondi au millième.

U \ D	0	1	2	3	4	5
0	1	0,985	......	......	......	0,643
1	......	......	......	......	......	......
2	......	......	......	......	......	......
3	0,999	......	......	......	......	0,602

> D : chiffre des dizaines de l'angle.
> U : chiffre des unités de l'angle.
> cos 10° = 0,985.

b Un autre document de Gaël le marin contient ce tableau.

Complète-le en arrondissant au centième les mesures d'angle.

Angle (en °)	... ... , ...	... ... , ...	... ... , ...	... ... , ...
Cosinus	0,987 36	0,995 98	0,999 78	0,990 24

c Le tableau du **b** dissimule en fait le nom de l'ile sur laquelle son ancêtre a enfoui un trésor.

Remplace dans la ligne des angles chaque groupe de deux chiffres par la lettre qui occupe ce rang dans l'alphabet.

09	......	......	......	......	......	......	......
I	......	......	......	......	......	......	......

> 01 pour la lettre A, 02 pour la lettre B...

Le nom de l'ile est : ....

2 Où sont les cosinus ?

Laurian s'entraine à écrire des relations dans le triangle RST rectangle en S. Hélas, deux erreurs figurent dans sa liste.

Entoure les relations fausses.

a $\cos \widehat{RTS} = \dfrac{ST}{RT}$ **b** $\cos \widehat{RTS} = \dfrac{RS}{RT}$ **c** $\cos \widehat{SRT} = \dfrac{RS}{RT}$

d $RS = RT \times \cos \widehat{SRT}$ **e** $RT = ST \times \cos \widehat{RTS}$

3 La carte de l'archipel

Dans une autre malle, Laurian trouve une carte de l'archipel des iles Natha. Gaël le marin y a parfois inscrit des distances, parfois des angles qu'il a visés au sextant.

• Cosinus d'un angle

• Réussir un produit en croix

Quand deux fractions sont égales et que tu connais 3 des 4 nombres en jeu, le 4e nombre que tu cherches vaut toujours le produit de la diagonale que tu connais, divisé par le troisième nombre connu.

Calculer AB

• $\dfrac{\cos 30}{1} = \dfrac{AB}{8}$:

on écrit $AB = \dfrac{8 \times \cos 30}{1} = 8 \cos 30$

• $\dfrac{\cos 80}{1} = \dfrac{6}{AB}$:

on écrit $AB = \dfrac{6 \times 1}{\cos 80} = \dfrac{6}{\cos 80}$

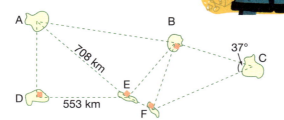

a Calcule l'arrondi au dixième de degré de l'angle $\widehat{DEA}$, déduis-en $\widehat{DAE}$, puis calcule au km près la distance entre les îles A et D.

....

....

b Les îles E et F sont séparées de 132 km et l'angle $\widehat{FEB}$ mesure 55°. Calcule au km près les distances séparant les îles E et B, puis les îles B et F.

....

....

DÉFI VACANCES

La cachette du trésor

Le trésor est caché dans une caverne perchée dans une falaise, à la verticale d'un torrent impétueux de 8 m de large. Gaël le marin, placé en A, a visé un angle de 38° entre A et l'entrée de la caverne. Il a amené l'échelle du bateau, de 10 m de long, et ses hommes l'ont placée en A et appuyée sur la falaise en face.

Ont-ils pu ainsi accéder à la caverne et ramener le trésor ?

....

....

....

....

....

LE COURS

● Le cosinus d'un angle

▶ **Le cosinus d'un angle**, dans un triangle rectangle **uniquement**, est le quotient de la longueur du **côté adjacent** à l'angle par la longueur de l'**hypoténuse** du triangle. Il est toujours compris entre 0 et 1.

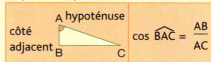

● Calculer le cosinus d'un angle

On emploie la touche **cos** de la calculatrice, en mode **degré**.
Si Â = 60°, on tape cos 60 et on lit cos 60° = 0,5.

● Calculer un angle dont on connait le cosinus

On emploie la fonction **cos⁻¹ (ou Arccos ou Acs)** (en tapant **2nde** puis **cos** ou **SHIFT** puis **cos**).
Si cos Â = 0,3, alors on tape cos⁻¹ (0,3) et on lit environ 72,54°.

● Calculer un angle d'un triangle rectangle

AB = 3 cm et AC = 5 cm, donc
$$\cos \widehat{BAC} = \frac{AB}{AC}$$
$$= \frac{3}{5} = 0,6$$

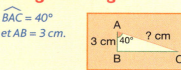

On tape cos⁻¹ 0,6 et on trouve $\widehat{BAC} \approx 53,13°$.

● Calculer un côté d'un triangle rectangle

$\widehat{BAC} = 40°$ et AB = 3 cm.

On écrit cos $\widehat{BAC} = \frac{AB}{AC}$ donc cos 40° = $\frac{3}{AC}$, d'où par produit en croix :
$$AC = \frac{3}{\cos 40°} \approx 3,92 \text{ cm.}$$

Teenage Fashion

The 1960s were known as the pop decade[1]: coordinated costumes, miniskirts, and pantsuits[2] for women. The Beatles went to the United States in 1964 and the British influence invaded[3] fashion as well as music. The 1960s also saw the hippie look for both men and
5 women.

In the 1970s, the tee-shirt became popular for both men and women. White was abandoned in favour of bright[4] colours with slogans printed on the front. In 1977 the popularity of movies created popular looks : *Saturday Night Fever* generated the disco
10 look for both sexes; *Annie Hall* popularized the baggy look for women; *Star Wars* encouraged the wearing of capes and flat boots.

Nowadays, British teenagers have begun to think that they can wear anything as long as they think it's "cool". What they love
15 about fashion is that they can let their imagination go. Since the 1980s, they've experimented with colours, shapes[5] and designs. Most teenagers have already been to flea markets[6] to buy second-hand[7] things to add an artistic touch to their clothes. And indeed, eccentric ways of
20 dressing have become a common sight[8] in the streets of London!

• Prétérit ou *present perfect* ?

VOCABULAIRE

[1] **pop (art) decade:** la décennie pop

[2] **pantsuits:** tailleurs-pantalons

[3] **invade:** envahir

[4] **bright:** vif, chatoyant

[5] **shapes:** des formes

[6] **flea markets:** marchés aux puces

[7] **second-hand:** d'occasion

[8] **sight:** vue, spectacle

Compréhension

1 **Les affirmations suivantes sont-elles vraies (R) ou fausses (W) ?**
Entoure la bonne réponse, puis justifie ta réponse en soulignant, dans le texte, les éléments qui t'ont permis de faire ton choix.

a Movies have influenced fashion.	R	W
b English teenagers go to flea markets to buy eccentric accessories.	R	W
c The hippie style was fashionable in the 1950s.	R	W
d Teenagers have experimented with classic clothes.	R	W
e In 1977, *Star Wars* encouraged the wearing of miniskirts.	R	W

Grammaire

2 **Prétérit simple ou *present perfect* ?**
Entoure la bonne réponse.

Exemple : *Teenagers (wore) / have worn miniskirts in the 1960s.*

a For a few decades, London teenagers ***looked for / have looked for*** eccentric clothes.

b For years, movies ***influenced / have influenced*** fashion. That's not going to change any time soon.

c In the 1970s, teenagers ***loved / have loved*** jeans and leather jackets.

d Since the 1960s, teenagers ***bought / have bought*** a lot of Dr. Martens shoes.

e When the Beatles ***went / have gone*** to the USA in 1964, US fashion changed.

3 **Complète les noms de vêtements et relie-les par une flèche aux illustrations.**

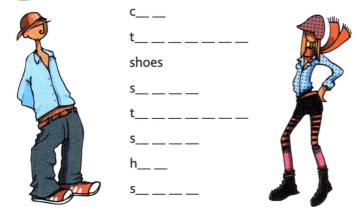

c__ __
t__ __ __ __ __ __ __
shoes
s__ __ __ __
t__ __ __ __ __ __ __
s__ __ __ __
h__ __
s__ __ __ __

4 **Réponds par oui ou par non aux questions suivantes.**
Fais des phrases complètes.

Exemple : *Have you ever worn pink trousers?* → *No, I have never worn pink trousers.*

a Have you ever bought green trainers?

....

....

b Have you ever looked for eccentric clothes in a flea market before?

....

....

c Have you decided to wear jeans since you're 15?

....

....

LE COURS

● **Le prétérit simple**

▶ On l'utilise pour parler d'**évènements passés, datés**.
The Beatles went to the USA in 1964.

▶ On le rencontre souvent avec des mots ou des expressions tels que ***yesterday, the day before, last month/week/year, ago***, ou avec une **date précise** dans le passé.
I bought a nice T-shirt last week.
I saw a beautiful dress in a shop two days ago.

● **Le *present perfect***

▶ Il s'emploie fréquemment avec des mots ou des expressions tels que : ***ever, for, since, never ... before, already, not ... yet, just, it's the first time...***
Have you <u>ever</u> been to South Africa?
I haven<u>'t</u> visited Cape Town <u>yet</u>.

▶ Lorsqu'il est employé avec ***for*** ou ***since***, il se traduit en français par un présent.
<u>*I've lived* in England <u>since</u> 2001.</u>
Je vis en Angleterre depuis 2001 (j'y vis encore au moment où je parle).
He <u>has known</u> him <u>for</u> years.
Il le connait depuis des années.

Les États-Unis dans la mondialisation

LE COURS

● La puissance des États-Unis

▶ **Première puissance économique mondiale**, les États-Unis jouent un rôle majeur dans la mondialisation. Ils produisent 30 % de la richesse mondiale grâce à leur puissance agricole et industrielle. Sur le plan commercial et financier, le dollar américain est la principale monnaie de paiement dans le monde.

▶ **Première puissance militaire mondiale,** ils exercent une forte influence à l'ONU, au FMI, et autres organismes mondiaux. Enfin, leur mode de vie se diffuse partout dans le monde grâce à la télévision, au cinéma et à Internet.

▶ La **mondialisation** entraine des conséquences sur l'organisation du territoire : les activités se développent dans les vastes métropoles et les **littoraux** concentrent de plus en plus les activités économiques en liaison avec l'Asie et l'Europe.

1 Donne deux raisons pour lesquelles les États-Unis sont considérés comme la première puissance mondiale. (cours)

....

....

2 Où se concentrent les activités économiques sur le territoire des États-Unis ? (cours)

....

....

3 Sur quels continents sont majoritairement implantées les usines Nike ? (doc.)

....

....

4 Que remarques-tu au niveau des États-Unis, pays créateur de la firme ? Comment expliquer ce phénomène ? (doc.)

....

....

....

Coup de pouce

● Lire une carte

▶ **Repérer et lire** son titre, pour savoir de quoi elle parle.

▶ **Repérer** les ensembles identifiables et **comprendre** les informations de la légende : quel type de figurés est utilisé ? Pourquoi ? Que montrent-ils ?

DOC
Les filiales de Nike dans le monde

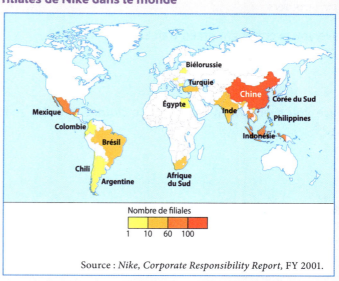

Source : *Nike, Corporate Responsibility Report*, FY 2001.

Intensité et tension

① Le montage des appareils électriques dans une maison est-il en série ou en dérivation ? Quelle doit être la tension nominale de tous les appareils ? Pourquoi ? (doc.)

② Quel est le rôle d'un disjoncteur ? Quelle est la différence entre un disjoncteur et un coupe-circuit ? (doc.)

③ Deux lampes montées en série sont alimentées sous 230 V. L'intensité dans L_1 est 0,5 A et la tension entre ses bornes est 110 V. Quelle est l'intensité dans L_2 et quelle est la tension entre ses bornes ?

④ Léa et Zinedine ont réalisé le même circuit électrique avec des piles et des lampes différentes. Leurs résultats sont inscrits dans un tableau mais leurs mesures avec les ampèremètres A, A_1 et A_2 ne sont pas terminées. Complète leur tableau.

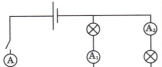

Intensité	dans A	dans A_1	dans A_2
Léa	0,360 A		0,220 A
Zinedine		85 mA	0,280 A

DOC

Le circuit électrique de la maison

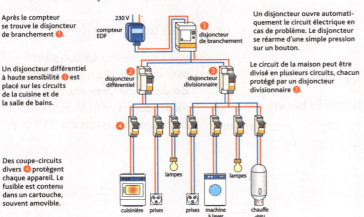

Après le compteur se trouve le disjoncteur de branchement ❶.

Un disjoncteur différentiel à haute sensibilité ❷ est placé sur les circuits de la cuisine et de la salle de bains.

Des coupe-circuits divers ❹ protègent chaque appareil. Le fusible est contenu dans un cartouche, souvent amovible.

compteur EDF — 230 V — disjoncteur de branchement ❶

disjoncteur différentiel ❷ — disjoncteur divisionnaire ❸

❹

cuisinière — prises — prises — machine à laver — chauffe-eau — lampes

Un disjoncteur ouvre automatiquement le circuit électrique en cas de problème. Le disjoncteur se réarme d'une simple pression sur un bouton.

Le circuit de la maison peut être divisé en plusieurs circuits, chacun protégé par un disjoncteur divisionnaire ❸.

LE COURS

● Tension

▶ La **tension électrique** se mesure avec un **voltmètre**. L'unité de tension électrique est le **volt (V)**. Un **voltmètre se monte en dérivation** aux bornes d'un appareil.

▶ La **tension nominale**, indiquée pour tout appareil, est la valeur de la tension à appliquer entre ses bornes pour que cet appareil **fonctionne correctement**. La tension nominale des appareils domestiques est de **230 V** : c'est la **tension du secteur**.

● Intensité

▶ L'**intensité du courant électrique** est mesurée à l'aide d'un **ampèremètre qui se branche en série** dans le circuit. Elle est exprimée en **ampères (A)**.

▶ Dans un **circuit en série**, l'intensité du courant électrique a la **même valeur** en tout point. La tension U entre les bornes du générateur est égale à la somme des tensions entre les bornes des dipôles : $U = U_1 + U_2$.

▶ Dans un **circuit en dérivation**, l'intensité du courant dans la branche principale est égale à la somme des intensités du courant électrique dans les branches en dérivation : $I = I_1 + I_2$.

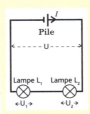

Lampes en série

Lampes en dérivation

Bilan
de la séquence ⑥

Français

1 **Indique à quel discours est cette phrase :**
« *Viens par ici !* »
a. ▢ discours direct
b. ▢ discours indirect

/2

2 **Indique à quel discours est cette phrase :**
Il m'a affirmé qu'il avait la clé.
a. ▢ discours direct
b. ▢ discours indirect

/2

3 **Les trois personnes de l'impératif sont :**
a. ▢ je, nous, ils
b. ▢ tu, nous, elle
c. ▢ tu, nous, vous

/2

4 **Coche la terminaison qui convient.**
Gout...... ce gâteau.
a. ▢ -es
b. ▢ -e

/2

5 **Au discours indirect, que devient cette phrase ?**
Elle demanda : « D'où vient-il ? ».
a. ▢ Elle demanda d'où il venait.
b. ▢ Elle demanda d'où il vient.

/2

Maths

Les points A, B, C et D appartiennent au même cercle ci-dessous, de centre O et de rayon 4 cm.
$\widehat{DAC} = 60°$ et AB = 5 cm.

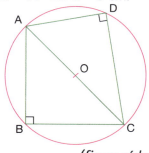

(figure réduite)

6 **Complète par vrai (V) ou faux (F).**

$\cos \widehat{DAC} = \dfrac{AC}{AD}$ ....

$\cos \widehat{BAC} = \dfrac{AB}{AC}$ ....

AD = 4 cm ....

/1,5

7 **Soit ABC un triangle rectangle et isocèle en A avec AB = 3 cm. On a :**
a. $\cos \widehat{ACB} = \dfrac{CB}{AC}$ ▢
b. $BC = \dfrac{3}{\cos 45°}$ ▢
c. $BC = 3 \times \cos 45°$ ▢

/2

Anglais

8 **Choisis la bonne réponse.**
Black people......... from racism in the USA since the time of slavery.
▢ have suffered   ▢ suffered

/1

9 **Choisis la bonne réponse.**
How long .... was the first mobile phone invented?
▢ for
▢ ago

/1

10 **Choisis la bonne réponse.**
Computers have evolved very quickly .... the beginning of the 20th century.
▢ For
▢ Since

/1

Géographie

11 **Quelle influence la mondialisation a-t-elle sur l'organisation du territoire américain ?**

....
....
....
....
....
....

/2

Physique-Chimie

12 **Quelle est la tension aux bornes d'un ensemble de deux lampes montées en série, alimentées chacune sous une tension de 115 V ?**

....
....
....

/1,5

SÉQUENCE 7

Teste-toi avant de commencer

Français

1 L'adjectif « bleu » dans l'expression « les pierres .... » s'écrit :
a. bleu ☐
b. bleues ☐
c. bleus ☐
d. bleue ☐

/2

2 Coche la bonne réponse.
Tous les adjectifs en *-al* ont un pluriel en *-aux*.
a. Vrai ☐
b. Faux ☐

/2

3 Donne le féminin des adjectifs suivants : *joyeux – vif – roux – favori*.
....
....

/2

4 Donne le masculin des adjectifs suivants : *franche – fausse – laïque – jumelle*.
....
....

/2

Maths

On choisit au hasard une lettre de l'alphabet.

5 La probabilité que ce soit une voyelle est de :
a. $\dfrac{1}{2}$
b. $\dfrac{6}{26}$
c. $\dfrac{6}{20}$

/2

6 La probabilité que ce soit une lettre du mot « vacances » est de :
a. $\dfrac{3}{13}$
b. $\dfrac{4}{13}$
c. $\dfrac{1}{6}$

/2

7 La probabilité que cette lettre puisse accueillir un accent est de :
a. $\dfrac{6}{26}$
b. 1
c. $\dfrac{5}{26}$

/2

Anglais

8 *Will* permet d'exprimer :
a. le passé ☐
b. le futur ☐
c. la certitude ☐

/2

Histoire

9 Quelle est la grande époque de l'expansion coloniale ?
a. XVIIIe siècle ☐
b. XIXe siècle ☐
c. XXe siècle ☐

/2

SVT

10 Comment s'appelle la fusion d'un spermatozoïde et d'un ovule ?
....

/2

Ton score ☐ /20

Inquiétants corbeaux

Dans *Les Oiseaux*, l'un des films les plus célèbres du cinéaste d'origine britannique Alfred Hitchcock, une petite ville californienne est attaquée de manière inexplicable par des nuées d'oiseaux...

Alfred HITCHCOCK, *Les Oiseaux*, © 1963 (120 minutes).

• Accorder l'adjectif
• Lire une image

Compréhension

1 **Pour composer cette image, le cinéaste s'est appuyé sur des oppositions entre les humains et les corbeaux. Coches-en deux qui te paraissent pertinentes.**

Oppositions :
☐ de teintes   ☐ de mouvements   ☐ de place dans l'image
☐ de direction   ☐ de nombre

2 **Coche trois moyens par lesquels le cinéaste rend cette scène effrayante.**

☐ la course des enfants   ☐ l'expression des enfants
☐ les vêtements des personnages   ☐ la position des corbeaux
☐ le gros plan sur les oiseaux

Coup de pouce

● **Distinguer l'adjectif de l'adverbe**

Pour distinguer l'adjectif de l'adverbe, on peut utiliser les verbes *être* et *parler* : *Il est content* (adjectif) / *Il parle souvent* (adverbe). Selon les cas, *fort* peut être adjectif ou adverbe.

Grammaire

3 Entoure le ou les mots qui entrainent l'accord de l'adjectif souligné.

a Nous avons finalement opté pour une voiture **décapotable**.

b Elle en est **ravie**.

c Tu les a trouvés, tes verres et tes tasses **verts**.

d Ce sont vraiment une femme et un homme **heureux**.

Orthographe

4 Complète les adjectifs féminins qui correspondent aux adjectifs suivants :

entier – aigu – solennel – secret – fluet – grec – fidèle – frais

.....................................tte   ....cque

.....................................üe   ....lle

.....................................iche   ....ère

.....................................èle   ....ète

5 Accorde convenablement les adjectifs de couleur.

une jupe blanc.........   des pulls bleu......... clair.........

des oiseaux roug.........   des voitures vert......... pomme.........

des fillettes blond.........   des chevelures noir......... corbeau.........

des fleurs ros.........   des murs ivoir.........

6 Fais les accords nécessaires. Attention : ne confonds pas participe passé employé comme adjectif et infinitif !

a Il est reparti enchant.................

b Il a insisté pour entr.................

c Nos amis, terrifi................., ont préféré quitt................. la pièce.

7 Place les adjectifs suivants dans le texte en t'appuyant sur leurs terminaisons.

déchainée – ouvertes – puissant – impressionnantes – secoués

Les fenêtres .... donnaient sur une mer

..............................., où l'on pouvait distinguer des vaisseaux ....

.... par des vagues .... et

un vent si .... qu'il balayait tout sur son passage.

LE COURS

● L'accord de l'adjectif

L'adjectif **épithète**, **apposé** ou **attribut** s'accorde en **genre** et en **nombre** avec le(s) nom(s) ou pronom(s) au(x)quel(s) il se rapporte.

***Elle** est heureuse.*
***Ton chat** et **ta chienne** semblent ravis.*

● Le féminin et le pluriel de l'adjectif

▶ **Féminins particuliers**

Masculins en ...	Féminin en ...	D'autres féminins particuliers
-f	-ve → *vive*	*caduc →*
-x	-se → *joyeuse*	*caduque*
-er	-ère → *fière*	*faux → fausse favori →*
-gu	-güe → *aigüe*	*favorite*
-el	-elle → *cruelle*	*frais → fraiche franc →*
-en	-enne → *moyenne*	*franche grec →*
-on	-onne → *bonne*	*grecque jumeau →*
-et	-ète / -ette → *discrète / fluette*	*jumelle laïc → laïque malin →*
-eur	-eure / -euse → *mineure / rêveuse*	*maligne roux → rousse sec → sèche*

▶ **Pluriels particuliers**

Les adjectifs en **-al** ont un pluriel en **-aux**, sauf quelques exceptions comme *banals, fatals, natals, navals* ou *bancals*.

● Les adjectifs de couleur

▶ L'adjectif de couleur **qui provient d'un nom** ne s'accorde pas.
des pulls orange

Exceptions : *rose, mauve...*

▶ L'adjectif de couleur **composé** ne s'accorde jamais.
des fleurs rouge foncé

Jeux de hasard

1 Avec un dé à 8 faces

On simule avec le script ci-dessous 100 lancers d'un dé à 8 faces marquées de 1 à 8, et on compte le nombre de fois où le chiffre obtenu est pair.

a Complète :

Il y a .... entiers pairs entre 1 et 8 (compris), donc

p (obtenir un nombre pair) = $\dfrac{......}{......}$ = $\dfrac{......}{......}$.

Sur 100 lancers, on a donc, en théorie, ... fois un entier pair.

b Modifie ce script pour :

• simuler 1 000 lancers

• simuler 500 lancers d'un dé à 20 faces

• compter le nombre de fois où l'on obtient un multiple de 3

• afficher le résultat sous forme de pourcentage

• simuler 400 lancers d'un dé à 12 faces et afficher en pourcentage le nombre de fois où l'on obtient au moins 7

```
quand [drapeau] pressé
mettre compteur à 0
mettre k à 0
répéter jusqu'à  k = 100
    si  nombre aléatoire entre 1 et 8 modulo 2 = 0  alors
        ajouter à compteur 1
    ajouter à k 1
dire compteur
stop ce script
```

• Probabilités

Coup de pouce

● **Évènement contraire**

Quand l'évènement contient les mots « au plus » ou « au moins », il est plus facile de calculer la probabilité de l'évènement contraire, puis de soustraire à 1 cette probabilité pour obtenir celle qui était demandée.

On lance un dé à 6 faces. Quelle est la probabilité d'obtenir au moins 2 ?
→ Le contraire c'est d'obtenir strictement moins que 2, donc d'obtenir 1 : 1 chance sur 6.
On soustrait : $1 - \dfrac{1}{6} = \dfrac{5}{6}$.
La probabilité d'obtenir au moins 2 est donc de $\dfrac{5}{6}$.

2 Pile ou Face

On lance 2 fois de suite une pièce de monnaie pour jouer à Pile (P) ou Face (F).

a Complète l'arborescence et le tableau à l'aide de F et de P :

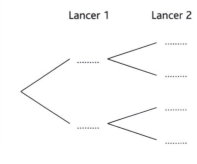

Lancer 1	Lancer 2	Résultats après 2 lancers
		PP
		......
		......
		......

b Calcule p (obtenir 2 fois Face) :

....

c Calcule p (obtenir au moins une fois Face) :

....

3 Dans le sac

Un sac opaque contient 11 pions jaunes, 6 pions bleus et 3 pions rouges. On tire au hasard un pion dans le sac sans regarder.

a Calcule p (obtenir un pion rouge) :

....

b Calcule p (obtenir un pion bleu) :

....

c Calcule p (obtenir un pion jaune ou un pion bleu) :

....

DÉFI VACANCES

On lance 2 dés à 6 faces.

a Complète le tableau suivant qui indique la somme des résultats des deux dés.

Dé 1 \ Dé 2	1	2	3	4	5	6
1	2	3	......	......	......	......
2	......	......	......	......	......	......
3	......	......	......	7	......	......
4	......	......	......	......	......	......
5	......	......	......	......	......	......
6	......	......	......	......	......	......

b Calcule p (la somme des résultats est 4) :

....

c Calcule p (la somme des résultats est 7) :

....

d Calcule p (la somme des résultats est 13) :

....

LE COURS

● Probabilité : définition

▶ La probabilité « p » qu'un évènement se produise est donnée par ce quotient :

$$p = \frac{\text{nombre de cas favorables}}{\text{nombre de cas possibles}}$$

● Exemples avec un dé à 6 faces non truqué

▶ Le dé peut donner 1, 2, 3, 4, 5 ou 6.

On a donc p (obtenir 5) $= \frac{1}{6}$

(un cas favorable sur 6 ; 5 cas défavorables : 1, 2, 3, 4 et 6).

▶ La fréquence du 5 se donne aussi en pourcentage, ici : $\frac{1}{6} \approx 16,67\%$

● Cas de plusieurs lancers

▶ Si on effectue le même lancer plusieurs fois de suite, on représente ces lancers par une arborescence pour visualiser tout ce qui peut se produire.

On lance 3 fois une pièce, on écrit P pour Pile et F pour Face

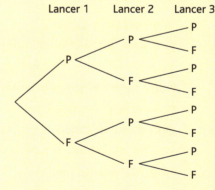

Lancer 1   Lancer 2   Lancer 3

– p (obtenir 3 Face) $= \frac{1}{8}$

– p (obtenir au moins 2 Pile)

$= p(PPP) + p(PPF) + p(PFP) + p(FPP)$

$= \frac{4}{8} = \frac{1}{2}$

Junk Food: Fight Obesity

The World Health Organization is worried about what we eat. It has calculated that by the year 2230, the entire population of the USA will be dangerously overweight[1] because of the food Americans eat, mostly junk food[2]. But junk food is now available worldwide and
5 everyone knows that it can make you overweight. Junk food includes hamburgers, pizza, hot dogs, chips, crisps, sweets, biscuits, cakes, chocolate and fizzy drinks[3], which contain a very high level of fat and are full of calories.

Indeed scientists have recently warned[4] of other dangers of a
10 junk food diet. Now, obesity has become a real problem, not only in the USA. In Britain, for example, the government recently decided to ban junk food from school canteens. More vegetables and fruit are served to pupils instead of unhealthy[5] snacks and fizzy drinks. Headmasters and teachers, following the government
15 injunctions, will get rid of[6] all vending machines[7] in schools.

The problem is that if you are overweight, you will have health problems such as diabetes or cancer. Your mortality risk will increase… However, you may lower your body mass by eating healthy food and exercising more. So watch out what you eat, and
20 you will keep fit[8]!

• Les modaux *may* et *will*

VOCABULAIRE

1 **overweight:** en surpoids
2 **junk food:** malbouffe, nourriture industrielle
3 **fizzy drinks:** sodas, boissons gazeuses
4 **warn:** mettre en garde, prévenir
5 **unhealthy (≠ healthy):** malsain
6 **get rid of:** supprimer
7 **vending machines:** distributeurs (sodas, bonbons, etc.)
8 **keep fit:** rester en forme

Compréhension

1 **Vrai (R) ou faux (W) ? Entoure la bonne réponse.**

a People who eat junk food keep fit.   R   W

b More vegetables and fruit are served in British school canteens.   R   W

c If you eat too much junk food, you may have health problems.   R   W

d If you are obese, you will have to exercise less.   R   W

Grammaire

2 Recopie les phrases du texte correspondant aux illustrations suivantes.

a ....
....
....
....

2230

b ....
....
....
....

c ....
....
....
....

3 *Will* ou *may* ? Choisis en fonction des indications données.

a You .... have health problems if you are obese. (futur, certitude)

b He .... lower his body mass if he exercises. (possibilité)

c You .... eat hamburgers, but not too often. (possibilité)

d They .... keep fit if they eat healthy food. (futur, certitude)

4 Trouve les questions qui correspondent aux réponses.

Exemple : → *Will you become very fit if you eat crisps and hamburgers every day?*
No, I won't become very fit if I eat crisps and hamburgers every day.

a ....
.... ?

Yes, you may have health problems if you eat pizza every day.

b ....
.... ?

No, she won't be obese if she eats a lot of salad and other vegetables.

LE COURS

Comme tous les modaux, *may* et *will* se forment avec la **base verbale** (verbe à l'infinitif sans *to*).

You may leave now. He may be late.
You will be overweight if you eat too much junk food.

● **May (*may* + base verbale)**

▶ **May permet d'exprimer :**

– **la possibilité, l'éventualité**
You may lower your body mass if you exercise.

– **la permission**
You may read this book now that you are old enough.

▶ **À la forme interrogative** (*may* + sujet + base verbale), *may* exprime une demande de permission.
May I open the window, Miss, please?

▶ **À la forme négative** (*may* + *not* + base verbale), *may* exprime une interdiction (permission non accordée).
You may not go to the cinema.

● **Le futur avec *will* (*will* + base verbale)**

Will permet d'exprimer :

– **le futur**
Tomorrow, it will rain.
In a week, you will be 15 years old.

– **la certitude**
Your health will be bad if you eat too much junk food.

Les colonies

LE COURS

● La colonisation

▶ Au XIXe siècle, l'Europe, en plein **essor économique et technique**, se lance à la conquête de territoires en Afrique et en Asie et assoit ainsi sa domination mondiale. À l'issue de guerres meurtrières, **le Royaume-Uni et la France** deviennent les **deux premiers empires** coloniaux du monde.

▶ Cette domination est source de **puissance**, de **richesse** – assurer des **débouchés commerciaux** aux Européens et trouver des matières premières – mais aussi un moyen de diffuser une **civilisation** et une religion jugées supérieures (par les colonisateurs).

▶ Les sociétés coloniales sont profondément **bouleversées**. Les colons s'emparent des terres, créent des entreprises, construisent, parfois par le **travail forcé**, des routes, des voies ferrées et des ports. Les révoltes sont sévèrement réprimées.

Coup de pouce

● Analyser un texte

▶ **Identifier** la nature du document et l'auteur, sa fonction, son rôle.

▶ **Repérer** les idées générales du texte.

▶ Le **mettre en relation** avec ses propres connaissances : qu'apporte-t-il ?

▶ Se souvenir qu'il exprime toujours la vision d'un individu, d'une époque et non une vérité. Bref, **exercer son esprit critique**.

---

1 Quel intérêt économique le texte souligne-t-il ? (doc.)

....

....

....

2 Quels autres intérêts économiques motivent les colonisateurs ? (cours)

....

....

....

3 Identifie l'autre motivation de Jules Ferry pour coloniser. (doc.)

....

....

....

4 Comment justifie-t-il la colonisation française ? (doc.)

....

....

....

5 Aujourd'hui, comment une démocratie comme la France jugerait-elle la dernière phrase du texte ? (doc.)

....

....

....

DOC

Discours de Jules Ferry à la Chambre des députés, juillet 1885

Ce qui manque à notre grande industrie, ce sont les débouchés pour ses productions, or ce problème est intimement lié à la politique coloniale. Il y a un second point que je dois aborder, c'est le côté humanitaire et civilisateur de la question. Il y a pour les races supérieures un droit, parce qu'il y a un devoir pour elles. Elles ont le devoir de civiliser les races inférieures [...]

Une nouvelle vie qui commence

1 Pourquoi dit-on que l'espèce humaine est vivipare ? (cours)

....

2 Après lui avoir donné un titre, place sur le doc. 1 les mots suivants : spermatozoïdes, ovule, fécondation, nidation, cellule-œuf, paroi de l'utérus, division.

3 Quelle est la différence entre un embryon et un fœtus ? (cours et doc. 2)

....

4 En t'aidant du doc. 3, explique quels sont les risques pour le bébé si la mère consomme des drogues ou certains médicaments.

....

....

LE COURS

● La fécondation et la nidation

▶ Lors d'un **rapport sexuel**, un des spermatozoïdes peut **fusionner** avec l'ovule : c'est la **fécondation**, qui a lieu dans l'une des trompes et qui a pour résultat la formation d'une **cellule-œuf**.

▶ Tout en se divisant, la cellule-œuf descend dans l'utérus *via* les trompes et se fixe à la paroi utérine maternelle. On parle de **nidation** de l'embryon. La couche superficielle de la paroi utérine n'est alors pas éliminée. Les règles ne se produisent donc pas, c'est un des premiers signes de la **grossesse**.

● Le développement d'un nouvel individu

▶ Quand le développement embryonnaire se fait à l'intérieur de l'utérus, l'espèce est dite **vivipare**.

▶ Les cellules qui constituent **l'embryon** continuent de se diviser ; **à partir du 3e mois**, lorsque tous les organes sont formés, l'embryon est appelé **fœtus**.

▶ Il effectuera des **échanges** avec l'organisme maternel par le **cordon ombilical** qui est relié au **placenta**.

▶ Au bout de 9 mois de grossesse, le fœtus est arrivé à terme. Il est expulsé par les contractions de l'utérus au cours de **l'accouchement**.

DOC 1

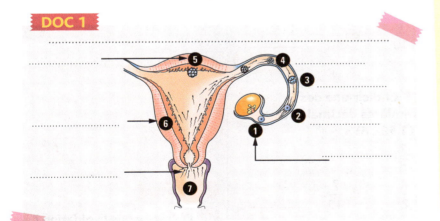

DOC 2
De la fécondation à la naissance

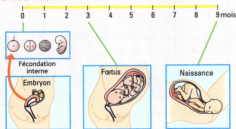

DOC 3
Les échanges entre la mère et le fœtus

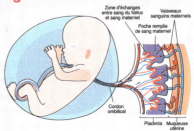

Bilan
de la séquence ❼

Français

1 **Choisis la forme de l'adjectif qui convient.**
Les feuilles et les branches .... *se confondent.*
a. ☐ vert
b. ☐ vertes

/2

2 **Choisis la forme de l'adjectif qui convient.**
Les premiers fruits de la saison sont souvent les ....
a. ☐ meilleur
b. ☐ meilleurs

/2

3 **Choisis la forme de l'adjectif qui convient.**
Les deux sœurs portent des robes ....
a. ☐ bleu marine
b. ☐ bleues marines

/2

4 **Choisis la forme de l'adjectif qui convient.**
Je préfère les ballons...
a. ☐ orange
b. ☐ oranges

/2

5 **Choisis la forme de l'adjectif qui convient.**
Je préfère les chevaux...
a. ☐ marron
b. ☐ marrons

/2

Maths

On choisit au hasard un chiffre entre 0 et 9.

Entoure la probabilité de :

6 **Choisir un chiffre pair :**
a. $\dfrac{5}{9}$ b. $\dfrac{1}{2}$
c. $\dfrac{5}{5}$ d. $\dfrac{1}{10}$

/1

7 **Choisir un multiple de 3 :**
a. $\dfrac{1}{10}$ b. $\dfrac{3}{7}$
c. $\dfrac{4}{10}$ d. $\dfrac{1}{5}$

/1

8 **Choisir un diviseur de 362 880 :**
a. 1 b. $\dfrac{3}{10}$
c. $\dfrac{7}{10}$ d. $\dfrac{9}{10}$

/1

9 **Choisir une des 9 premières décimales de π :** **141 592 653**
a. $\dfrac{7}{9}$ b. 1
c. $\dfrac{7}{2}$ d. $\dfrac{7}{10}$

/1

Anglais

10 **Quelle est la valeur de cette phrase ?**
She may be late. She's missed her train.
☐ certitude
☐ possibilité

/1

11 **Quelle est la valeur de cette phrase ?**
You may not go to the cinema.
☐ interdiction
☐ conseil

/1

12 **Quelle est la valeur de cette phrase ?**
You will be on holiday in a month.
☐ futur
☐ possibilité

/1

Histoire

13 **Quels sont les acteurs et les causes des conquêtes coloniales ?**
....
....
....
....
....
....
....
....

/2

SVT

14 **Qu'est-ce que la nidation ?**
....
....
....
....

/1

Teste-toi avant de commencer

Français

1 Dans l'expression « Les pommes que j'ai (manger) .... », le participe passé de *manger* s'écrit :
a. mangé ☐
b. mangée ☐
c. mangés ☐
d. mangées ☐

/2

2 Dans la phrase « Elles ont (manger) .... des pommes. », le participe passé de *manger* s'écrit :
a. mangé ☐
b. mangée ☐
c. mangés ☐
d. mangées ☐

/2

3 Dans la phrase « Elles sont (partir) ...... », le participe passé de *partir* s'écrit :
a. parti ☐
b. partie ☐
c. partis ☐
d. parties ☐

/2

Maths

4 Le nombre de faces de ce solide est de :
a. 8   b. 4   c. 6

/2

5 Le nombre d'arêtes de ce solide est de :
a. 8   b. 16   c. 12

/2

6 Le volume d'un cône de révolution (*h* est la hauteur, *B* l'aire de la base, *R* le rayon) est donné par la formule :
a. πR^2 b. $\dfrac{B \times h}{2}$ c. $\dfrac{B \times h}{3}$

/2

Anglais

7 Coche la bonne réponse.
En anglais, pour exprimer un conditionnel, on utilise :
a. *if* + *prétérit* dans la subordonnée et *would* + *base verbale* dans la principale ☐
b. *if* + *prétérit* dans la principale et *would* + *base verbale* dans la subordonnée ☐

/3

Géographie

8 Quel est le premier pays touristique du monde ?
a. L'Italie ☐
b. Les États-Unis ☐
c. La France ☐

/2

Physique-Chimie

9 Quelle est la différence entre un mouvement rectiligne et un mouvement circulaire ?
....
....

/3

Ton score   /20

Lettre d'espoir

> Un jeune sourd vivant au XIXᵉ siècle lutte pour se faire comprendre et échapper aux persécutions. Il écrit à sa sœur pour la remercier de son soutien et organiser leur départ avec sa fiancée Fanette.

16 janvier 1889

Ma chère sœur,

Nos cousins Peyre m'ont averti de ta maladie. Voilà donc pourquoi je n'ai pas eu de nouvelles depuis deux longs mois ! Ils
5 me disent qu'à ton retour de Paris tu étais très affectée et faible. Oui, je sais, ma chère sœur, les quatre mois que tu as passés dans l'humidité et le froid de Paris à me soutenir, à frapper à toutes les portes en vain pour tenter de recoudre les morceaux de ma vie partie en lambeaux ont été pour toi un supplice. Mais n'oublie
10 pas que, dans ce désastre, tu es ma seule famille, la personne qui compte le plus au monde pour moi. Avec ton appui, je me sens capable d'enlever Fanette, de l'emmener en Amérique où l'on me dit que les sourds sont encore, malgré monsieur Bell, considérés comme des êtres libres. Tu viendras avec nous. On m'a accordé un
15 congé, je pars après-demain pour te retrouver. Je te soignerai avec autant de patience que tu en as eu pour calmer mon désespoir. Nous irons nous promener ensemble dans le petit bois au bord du Vidourle quand tu iras mieux. Attends-moi, écoute bien les conseils de notre tante. Je serai là deux jours après ma lettre.
20 Je t'embrasse avec affection.

Ton frère, Jean

Janine Teisson, *Écoute mon cœur*,
© Syros, « Les uns les autres », 2006.

Compréhension

1 D'où Jean écrit-il sa lettre ?

☐ de Paris ☐ du Vidourle ☐ d'Amérique

2 Souligne la phrase qui indique que Jean et sa sœur sont orphelins.

3 Comment la sœur de Jean est-elle tombée malade ?

☐ Elle a pris froid durant son voyage.
☐ Elle a été blessée par un animal.
☐ Elle a vécu dans des conditions difficiles à Paris.

4 Pour réconforter sa sœur, Jean :

☐ la plaint et lui donne de l'espoir.
☐ l'amuse et la distrait.

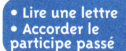

- Lire une lettre
- Accorder le participe passé

● **Accorder les participes passés avec les verbes pronominaux**

Pour les verbes pronominaux, on peut appliquer la règle de l'accord du participe passé. Si « s' » est COD, il y a accord ; s'il est COI, non :
Elle s'est lavée. ➔ Elle a lavé « elle-même ». / *Elle s'est lancé un défi.* ➔ Elle a lancé un défi « à elle-même ».

Grammaire

5 Relève les indices qui montrent que la lettre de Jean est un énoncé ancré dans la situation d'énonciation.

Pronoms : ....

Temps verbaux : ....

Indicateurs spatio-temporels : ....

Orthographe

6 Entoure le groupe de mots auquel se rapporte le pronom souligné puis fais l'accord qui s'impose.

a Ta cousine, je l'ai vu.................... il y a deux jours.

b Il l'aurait volontiers emport.................... tout de suite, ton tableau.

c C'est la commode que je t'ai montr.................... hier.

7 Justifie l'orthographe des participes passés soulignés en expliquant leur accord.

*Exemple : Nos cousins Peyre m'ont averti de ta maladie. → « averti »
s'accorde avec « m' », COD masculin singulier placé avant le verbe.*

a Je repense aux quatre mois que tu as **passés** dans

l'humidité et le froid de Paris. ....

....

b On m'a **accordé** un congé.

....

c Je te soignerai avec autant de patience que tu en as **eu** pour

calmer mon désespoir. ....

....

8 Trouve un pronom qui entraine les accords verbaux proposés en conservant le sens de la phrase.

Exemple : Ils sont partis tôt.

a .... devront bientôt être préparées.

b .... aurions bien accompagnée, mais ....
connais ta sœur, ... a insisté pour y aller seule.

c .... avons changé.................. qui avaient grillé pendant la
nuit et que .... n'avions pas remplacées.

LE COURS

● La lettre

▶ À quoi reconnait-on une lettre ?

– À la présence d'un **destinateur** et d'un **destinataire**.

– À la mention de la **date** et du **lieu** de l'écriture.

– Aux **temps** du discours : présent, imparfait, passé composé et futur.

▶ Les caractéristiques de l'énoncé d'une lettre

C'est un **énoncé ancré** dans la situation d'énonciation : l'auteur se situe par rapport au moment où il écrit. On y trouvera donc :

– les pronoms *je* et *tu*, *nous* et *vous* ;

– les **indicateurs temporels**
    aujourd'hui, demain, hier... ;

– les **indicateurs spatiaux**
    ici, là-bas...

● L'accord du participe passé

▶ Avec l'auxiliaire *être*

Le participe passé s'accorde avec le sujet :
    Elle est sortie.

▶ Avec l'auxiliaire *avoir*

Le participe passé :

– ne s'accorde **jamais avec le sujet** ;
    Elle a changé.
    sujet

– s'accorde **avec le COD, uniquement** s'il est **placé avant le verbe** ;
    La bonne note qu'il a eue en juin.
        COD

– s'accorde au **masculin singulier** avec *en* et *le* neutres.
    Des poires, il en a repris.

Solides en boites

① Night fever

Pendant ses vacances en Égypte, Line retrouvait tous ses amis à la Pyramide. Toutes les salles de ce club sont justement en forme de pyramide.

a La salle Khéops est en forme de pyramide régulière. Elle a pour base un carré de côté 30 m et sa hauteur est 12 m.
Calcule son volume en m³.

....

....

b La salle Tétraèdre a pour base un triangle rectangle isocèle avec deux côtés de 15 m et sa hauteur est 13,50 m.
Calcule son volume en m³.

....

....

c À la Pyramide, des climatiseurs délivrent chacun un cône de froid de 8 m de hauteur et de 6 m de rayon.
Calcule le volume d'air rafraichi par un climatiseur et arrondis au m³.

....

....

② Pyramides *everywhere*

Au bar de la salle Khéops, les cocktails sont servis dans des verres en forme de pyramide inversée à base carrée, contenant 25 cL, ou dans des flutes coniques de 25 cL.

a Sachant que leur hauteur, sans compter le pied, est de 7,5 cm, quelle est la longueur d'un côté du carré du bord du verre ?

....

....

....

b Sachant que leur hauteur, sans compter le pied, est de 7,5 cm, quel est le rayon du disque de base constituant le bord d'une flute ?

....

....

● Solides

● **Connaitre les formules d'aire**

▶ Disque de rayon R : πR^2

▶ Triangle de base b, de hauteur a : $\dfrac{a \times b}{2}$

▶ Carré de côté c : c^2

▶ Rectangle de longueur L, largeur l : $L \times l$

3 Line reste de glace

Line veut un cocktail de jus de fruits, mais tient à ce que la moitié du volume de son verre de 25 cL soit remplie par un glaçon en forme de pyramide à base carrée. Le barman en fabrique un de hauteur 3,75 cm et de côté de base 5 cm. Line proteste : « Ce glaçon n'occupe que 12,5 % du volume du verre ! »

a **Calcule le volume du glaçon fabriqué par le barman.**

....

....

b **Calcule le pourcentage du volume du verre occupé par ce glaçon, sachant que le verre contient 25 cL.**

....

....

c Line attendait un glaçon de 8 cm de côté de base et de 6 cm de haut environ. **Calcule le volume d'un tel glaçon. Était-elle plus proche de la vérité ?**

....

....

DÉFI VACANCES

Miroir, mon beau miroir

Le propriétaire veut recouvrir les murs et le sol de la salle Kheops de miroirs.

Quelle surface de miroirs doit-on prévoir (arrondis au cm² le résultat) ?

Nomme S le sommet de la pyramide, O le centre du carré et H le milieu d'un des côtés du carré et calcule OS avec le théorème de Pythagore...

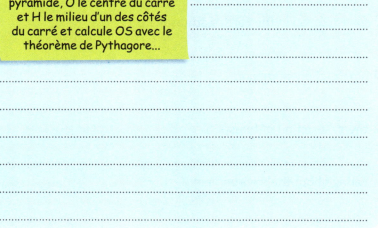

....

....

....

....

....

....

....

....

....

LE COURS

● Pyramide

▶ Ce solide a un **sommet principal** et pour **base** un polygone (triangle, carré, hexagone, etc.).

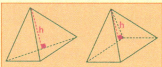

▶ Son **volume** est donné par $V = \dfrac{B \times h}{3}$,

où h est la hauteur de la pyramide et B l'aire de sa base.

▶ Quand toutes ses faces sont superposables, la pyramide est **régulière**.

● Cône de révolution

▶ Ce solide a pour base un disque et un sommet principal situé à la verticale du centre de ce disque.

▶ Son volume est donné par $V = \dfrac{B \times h}{3}$,

où h est la hauteur et B l'aire de sa base.

The Environment: 21st Century Big Challenge

The Earth is getting warmer due to climate change. If things continued as they are now, Europeans would soon start to suffer from terrible tropical diseases[1]. If the level of the oceans rose because of polar ice melting[2], cities like Amsterdam would be
5 flooded[3] and some islands would disappear from the surface of the Earth.

But what is climate change due to?

First, carbon dioxide (CO_2) is essential for the photosynthesis of plants. But with the deforestation of the
10 rainforests[4], scientists agree that if we continued to cut down trees on a large scale, we would alter the global climate forever. Secondly, there is more and more pollution: the intensive use of petrol and coal[5], industrial pollution and cars producing huge quantities of CO_2 also contribute to what is called the "greenhouse
15 effect[6]". Gases like CO_2 and methane are called "greenhouse gases" because they trap heat[7] in the Earth's atmosphere. Over the past two hundred years, the amount of these gases has increased by 50%.

However, thanks to the work of organizations such
20 as Greenpeace, people now tend to "go green" more and more. "Going green" means thinking and caring about[8] the environment. The three R's of going green are: reuse, recycle, reduce.

• L'expression du conditionnel (*if… would*)

VOCABULAIRE

1 **diseases:** des maladies

2 **melt:** fondre

3 **flood:** inonder

4 **rainforests:** forêts tropicales (humides)

5 **coal:** charbon

6 **the greenhouse effect:** l'effet de serre

7 **trap heat:** piéger la chaleur

8 **care about:** s'intéresser à, se soucier de

Compréhension

1 **Coche les bonnes réponses.**

a The greenhouse effect is:

❑ a place where you grow plants ❑ heat trapped in the Earth's atmosphere

b Climate change is due to:

❑ pollution ❑ a natural phenomenon

c Deforestation is:

❑ a new technique to plant trees ❑ the destruction of forests

d Going green means:

❑ changing colours ❑ caring about the environment

e The meaning of the three R's is:

❑ reuse, recycle, reduce ❑ right, realistic, rich

Grammaire

2 Conjugue les verbes aux temps qui conviennent afin d'exprimer un conditionnel.

Exemple : If we (continue) to cut down trees, we (alter) the global climate forever.
→ If we continued to cut down trees, we would alter the global climate forever.

a If people (be) .... more respectful of the environment, our planet

(become) .... a nicer place to live.

b If industries (reduce) .... CO_2 emissions, people (feel) .... better.

c If men (stop) .... cutting down trees, we (preserve) ....
animal habitats in rainforests.

d If men (not use) .... pesticides, many useful insects (continue)

.... to live.

3 Écris des phrases au conditionnel (introduites par *if*) en t'aidant des étiquettes et des dessins.

a If there were less car pollution, there

....

b If people didn't kill marine animals,

....

4 Transforme les phrases selon le modèle.

Exemple : If we preserve nature, we will leave a beautiful planet to our children. → If we preserved nature, we would leave a beautiful planet to our children.

a If the level of the oceans rises, some islands will disappear.

....

....

b If people recycle their garbage, the planet will be cleaner.

....

....

c If you care more about the environment, you will go green.

....

....

LE COURS

● **Exprimer un conditionnel**

▶ Pour exprimer un conditionnel, on utilise ***if* + prétérit** dans la proposition subordonnée et ***would* + base verbale** dans la proposition principale.

[If I went "green"],
Prop. subordonnée
I would recycle old computers.
Prop. principale

▶ **Après *if*,** on utilise souvent ***were*** à la place de ***was*** (aux 1re et 3e personnes du singulier).

[If I were a member of Greenpeace],
I would contribute to preserve sea life.

▶ ***Would*** peut être contracté en ***'d**.

[If I were rich], I'd give more money to Greenpeace.

● **Aux formes négative et interrogative**

▶ **À la forme négative :**

sujet + *would* + *not* + base verbale.
La forme contractée de *would not* est ***wouldn't**.

I would not (wouldn't) throw away these plastic bags in my garden if I were you.

▶ **À la forme interrogative :**

would + sujet + base verbale.

What would you say if she decided to stop wearing cosmetics?

Le tourisme international

LE COURS

● Définition

Le tourisme international se définit comme un déplacement d'au moins 24 heures dans un autre pays que le sien, essentiellement pour les loisirs, mais aussi pour des déplacements professionnels, familiaux, médicaux, religieux.

● Origine et destination des touristes

▶ En nette progression, le tourisme a atteint le record de 1,5 milliard de voyageurs en 2019.

▶ **L'Europe, l'Amérique et l'Asie-Pacifique** sont les principales régions émettant des touristes et en recevant.

▶ Le reste de l'Asie, l'Afrique et le Moyen-Orient, notamment le Maghreb et l'Égypte, ont des résultats en baisse en raison du contexte politique difficile.

● Un enjeu économique et environnemental

▶ **Le tourisme joue un rôle fondamental dans l'économie** des pays avec une recette de 1 500 milliards d'euros dans le monde en 2019. C'est une source d'emplois très importante, un accélérateur de création d'infrastructures (routes, transports, commerces, habitat…). Le tourisme est la principale activité de nombreux pays.

▶ **Cependant, le tourisme génère aussi des problèmes** : augmentation du cout de la vie dans les zones touristiques, nuisances sonores et dégradations. Enfin, la bétonisation et la dégradation des littoraux, la consommation excessive d'eau autour de la Méditerranée, par exemple, nécessitent une recherche urgente de **développement durable**.

1 Parmi les dix premiers pays touristiques du monde, quel est le continent le plus représenté ? (doc.)

....

....

2 Quel est le premier pays touristique du monde ? (doc.)

....

....

3 Quel est le pays qui a le plus progressé en matière de tourisme entre 1985 et 2018 ? (doc.)

....

....

4 Quels sont les bienfaits et les méfaits du tourisme dans le monde ? (cours)

....

....

....

....

DOC
Arrivée des touristes internationaux dans différents pays

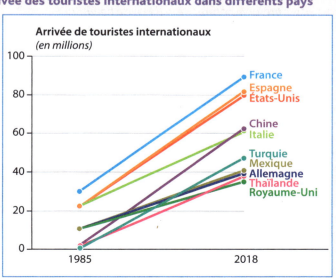

Arrivée de touristes internationaux *(en millions)*

Le mouvement

1 Décris le mouvement d'un point de la fusée Ariane au moment du décollage. (doc. 1)

....

....

2 Décris le mouvement de l'extrémité d'une pale de l'éolienne lorsqu'elle fonctionne sous l'action du vent. (doc. 2)

....

....

3 Que peut-on dire du mouvement d'un scooter lorsque sa vitesse augmente ? Lorsque sa vitesse diminue ?

....

....

4 Un automobiliste parcourt 15 km en 15 min. Quelle est sa vitesse moyenne en km/h puis en m/s ?

....

....

LE COURS

● **Mouvement et trajectoire**

▶ Un objet en mouvement est un **mobile**. Chaque point de ce mobile en mouvement décrit une courbe appelée **trajectoire**.

▶ Lorsque la trajectoire est une droite, le mouvement est **rectiligne**.

▶ Lorsque la trajectoire est un cercle ou un arc de cercle, le mouvement est **circulaire**.

● **Vitesse**

▶ La **vitesse instantanée** d'un mobile est sa vitesse mesurée à un instant donné.

▶ Si la valeur de cette vitesse reste constante, le mouvement est un **mouvement uniforme**.

▶ Si la valeur de la vitesse instantanée augmente, le mobile est en **accélération** ; si la valeur diminue, il est en **décélération**.

▶ La **vitesse moyenne** d'un mobile est calculée en divisant la distance parcourue en mètres par le temps mis pour parcourir cette distance en secondes.

▶ L'unité internationale de vitesse est **le mètre par seconde (m/s)**.

▶ Une unité couramment utilisée est le **kilomètre par heure (km/h)**.

$$v = \frac{d}{t}$$

(*d* en *m*, *t* en *s* et *v* en *m/s*)

DOC 1
La fusée Ariane au décollage

DOC 2
Éolienne

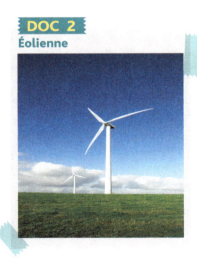

Bilan

de la séquence ❽

Français

1 **Choisis la forme du participe passé qui convient.**

Les erreurs que tu as .... *ne sont pas si graves.*

a. ⬜ commis
b. ⬜ commises

/2

2 **Choisis la forme du participe passé qui convient.**

La réponse à sa lettre, il l'a longuement ....

a. ⬜ attendu
b. ⬜ attendue

/2

3 **Choisis la forme du participe passé qui convient.**

Les filles et leur mère sont .... *par le Premier ministre.*

a. ⬜ reçus
b. ⬜ reçues

/2

4 **Choisis la forme du participe passé qui convient.**

Les livres qu'ils a .... *sont captivants.*

a. ⬜ lus
b. ⬜ lues

/2

5 **Choisis la forme du participe passé qui convient.**

Elle s'est .... *seule.*

a. ⬜ promenée
b. ⬜ promené

/2

Maths

6 Soit un cône de rayon 6 cm et de hauteur 4 cm, et une pyramide à base carrée, de côté 3 cm et de hauteur 5 cm.

Complète en indiquant vrai (V) ou faux (F).

V(cône) = 144 cm³	....
V(pyramide) = 15 cm³	....
V(cône) ≈ 151 cm³	....
V(pyramide) = 15π cm³	....
V(cône) = 48π cm³	....
V(cône) = V(pyramide)	....

/3

Anglais

7 **Conjugue les verbes à la forme qui convient.**

If we (go) .... *to London, we (visit)* .... *Buckingham Palace.*

/1

8 **Conjugue les verbes à la forme qui convient.**

You (protect) .... *nature if you (care)* .... *about environment.*

/1

9 **Conjugue les verbes à la forme qui convient.**

If my parents (speak) .... *English, they (travel)* .... *around the world.*

/1

Géographie

10 **Quel est l'aspect positif et parfois négatif du tourisme ?**

....
....
....
....
....
....
....
....
....
....

/2

Physique-Chimie

11 Un automobiliste, sur une portion rectiligne d'autoroute, a branché son régulateur sur 120 km/h.

a. Décris le mouvement d'un point de la voiture (trajectoire, nature du mouvement).

....
....
....

b. Calcule sa vitesse moyenne en m/s.

....
....
....
....

/2

Teste-toi avant de commencer

Français

1 Dans la phrase « Le film [dont je t'ai parlé] a reçu un prix. », l'expression entre crochets est :

a. une proposition subordonnée conjonctive ☐

b. une proposition subordonnée relative ☐

c. une proposition subordonnée interrogative indirecte ☐

/3

2 Dans la phrase « J'ai trouvé [qu'il avait changé]. », l'expression entre crochets est :

a. une proposition subordonnée conjonctive ☐

b. une proposition subordonnée relative ☐

c. une proposition subordonnée interrogative indirecte ☐

/3

3 Dans la phrase « Elle a dû partir [parce qu'elle était malade].», l'expression entre crochets est :

a. une proposition subordonnée conjonctive ☐

b. une proposition subordonnée relative ☐

c. une proposition subordonnée circonstancielle ☐

/3

Maths

4 $7 \times 7 \times 7 \times 7$ est égal à :

a. 2 401   b. 28   c. 7 777

/2

5 30^2 est égal à :

a. 900   b. 60   c. 90

/2

6 30^3 est égal à :

a. 90   b. 27 000   c. 9 000

/2

Anglais

7 Au passif, le complément d'agent (celui qui agit) est introduit par :

a. *for* ☐

b. *by* ☐

/2

Histoire

8 À quel siècle a lieu la révolution industrielle ?

a. XVIIIᵉ siècle ☐

b. XIXᵉ siècle ☐

c. XXᵉ siècle ☐

d. XXIᵉ siècle ☐

/2

SVT

9 Grâce à quoi un homme et une femme peuvent-ils choisir le moment pour donner naissance à un enfant ?

....

/1

Ton score /20

Une compagne pour le monstre ? Nathan live!

> Victor Frankenstein vient de retrouver dans les Alpes la monstrueuse créature à laquelle il a donné vie. Celle-ci lui demande de lui créer une compagne.

– Fais ton devoir à mon égard, et je m'acquitterai du mien, envers toi et envers le reste de l'humanité. Si tu remplis les conditions que je fixerai, je te laisserai en paix ainsi que les hommes ; mais si tu refuses, j'entasserai les cadavres entre les mâchoires de la mort,
5 jusqu'à ce qu'elle soit rassasiée du sang de ceux des tiens qui vivent encore.

– Monstre abhorré* ! Démon ! Les tortures de l'enfer sont un châtiment trop doux pour tes crimes. Misérable ! Tu me reproches de t'avoir créé. Viens donc, que je puisse éteindre l'étincelle que je
10 t'ai communiquée si imprudemment !

Ma rage était immense ; je bondis sur lui, poussé par toutes les passions qui peuvent armer un être contre l'existence d'un autre. Il m'évita facilement, et il me dit : […]

– Comment pourrais-je t'émouvoir ? Aucune supplication
15 ne te fera donc tourner un regard favorable vers ta créature, qui implore ta bonté et ta compassion ? Crois-moi, Frankenstein : j'étais bon ; mon âme rayonnait d'amour et d'humanité ; mais ne suis-je pas seul, misérablement seul ? Toi-même, mon créateur, tu m'abhorres ; quel espoir puis-je mettre en tes semblables qui
20 ne me doivent rien ? Ils me méprisent et me haïssent ! J'ai pour refuge les montagnes désertes et les glaciers sauvages. J'y erre depuis de longs jours ; les grottes de glace, que je suis le seul à ne pas craindre, sont ma maison, la seule que l'homme m'abandonne sans regret. Je salue ce ciel glacial, car il m'est meilleur que tes
25 semblables.

Mary SHELLEY, *Frankenstein*, traduction de l'anglais par Germain d'Hangest,
© GF - Flammarion, 1818.

* **Abhorré :** détesté.

VOCABULAIRE

• Identifier les propositions subordonnées

Coup de pouce

● **Distinguer propositions subordonnées relative et complétive**

La proposition subordonnée complétive complète un verbe tandis que la proposition subordonnée relative complète un nom ou un pronom.

Compréhension

1 **Que désigne la métaphore de « l'étincelle » (l. 9) ?**

☐ le feu   ☐ la violence   ☐ la vie

2 **Que souhaite tout d'abord faire Victor ?**

☐ Il accepte le marché de la créature.
☐ Il cherche à gagner du temps.   ☐ Il cherche à tuer le monstre.

3 **Dans ce dialogue argumentatif, quels sont les trois moyens employés par le monstre pour convaincre Victor ?**

☐ Il le menace.   ☐ Il le fait rire.
☐ Il tente de l'apitoyer.   ☐ Il lui rappelle ses devoirs.
☐ Il le charme.   ☐ Il l'ignore.

Grammaire

4 Trouve la conjonction de coordination qui permettrait de relier ces couples de phrases indépendantes.

a Il le menaçait. Victor ne céda pas à sa créature. ➜ ....

b La créature usa de toutes les ruses. Elle ne supportait plus la solitude. ➜ ....

5 Transforme ces phrases simples en phrases complexes en employant une proposition subordonnée conjonctive.

a Elle a souhaité ton départ.

➜ ....

b Il attend avec impatience la sortie de ce film.

➜ ....

6 Caractérise chacune des propositions subordonnées soulignées en précisant si elle est relative (PSR), conjonctive (PSC), interrogative indirecte (PSII) ou circonstancielle (PSCir.).

a Il a voulu <u>que je vienne</u>. ....

b Elle ignore <u>s'il viendra</u>. ....

c Appelle-moi <u>dès que tu seras arrivé</u>. ....

d Le chien <u>que tu m'avais offert</u> était un basset. ....

7 Encadre les propositions relatives et souligne l'antécédent auquel le pronom relatif se rapporte.

a Si tu remplis les conditions que je fixerai, je te laisserai en paix.

....

b Quel espoir puis-je mettre en tes semblables qui ne me doivent rien ?

....

Orthographe

8 Choisis la forme verbale qui convient.

a Il a voulu que je ... .
☐ vienne   ☐ viens   ☐ viennes

b Nous nous sommes retrouvés sur la place que tu nous avais ... .
☐ indiquée   ☐ indiquer   ☐ indiqué

c Elle n'a pas voulu que tu retrouves le livre qu'elle avait ... .
☐ caché   ☐ cacher   ☐ cachée

LE COURS

● **La proposition subordonnée relative**

▶ Elle est introduite par un **pronom relatif** : *qui, que, dont, lequel, duquel...*

▶ C'est une **expansion du nom** qui complète le sens d'un nom ou d'un pronom appelé **antécédent**.

   C'est la **femme** <u>dont je t'ai parlé</u>.
      compl. de l'antéc. *femme*

● **La proposition subordonnée complétive**

C'est un **complément essentiel du verbe** qui ne peut être ni supprimé, ni déplacé.

▶ **La proposition subordonnée conjonctive**

– Elle est introduite par la **conjonction de subordination** *que*.
– Elle est le plus souvent **COD du verbe de la principale**.

   Je **pense** <u>que tu as tort</u>.
      COD du verbe *penser*

▶ **La proposition subordonnée interrogative indirecte**

– Elle est introduite par *si* ou par un **mot interrogatif** (*qui, pourquoi, quand...*).
– Elle est **COD d'un verbe qui exprime l'interrogation** (*savoir, ignorer...*).

   Je t'ai **demandé** <u>s'il arrivait</u>.
      COD du verbe *demander*

● **La proposition subordonnée circonstancielle**

▶ Elle est introduite par une **conjonction de subordination** (*quand, parce que, bien que...*).

▶ Elle est **complément circonstanciel du verbe de la principale**. Elle peut donc être supprimée ou déplacée.

   Il est **rentré** <u>parce qu'il était l'heure</u>.
      CC de cause du verbe *rentrer*

Codes en stock

1 Puissances cachées

Complète.

$3^4 \times 3^5 = 3^{...}$ $\dfrac{4^{12}}{4^9} = 4^{...}$ $\dfrac{10^3}{10^5} = 10^{...}$

$5^6 \times 5^2 = 5^{...}$

$7 \times 7 \times 7 \times 7 = 7^{...}$ $\dfrac{6^7}{6^{...}} = 6^4$ $\dfrac{2^{...}}{2^9} = 2^2$

$6^0 = ...$

2 Cadeau mystère

Le grand-père de Mehdi lui demande de résoudre un code secret pour obtenir son cadeau d'anniversaire.

a Pour ses douze ans, Mehdi devait trouver un code à 5 chiffres. **Trouve le nombre de possibilités qu'il avait, puis écris-le sous la forme d'une puissance d'un entier.**

> Il existe 10 chiffres, de 0 à 9.

....

....

b Pour ses treize ans, le code était le cube du résultat du calcul suivant : $\dfrac{7^5 \times 3^4 \times 2^3}{7^3 \times 3^2 \times 2^1 \times 7^2}$.

Réduis ce calcul à une puissance d'un seul nombre, puis montre que le code était 46 656.

....

....

....

• Puissances d'un nombre

Coup de pouce

• **Mettre en notation scientifique**

On écrit le nombre à l'aide de la forme décimale d'une puissance de 10, puis on termine en utilisant les règles de calcul des puissances :

Écrire **1 400** $\times 10^9$ en notation scientifique.

1 400 = 1,4 $\times$ 1 000 puis

1 000 = 10^3

on a donc **1,4** $\times$ **10^3** $\times 10^9$ et

enfin 1,4 $\times 10^{12}$.

3 Atomes crochus

Pour ses 14 ans, Mehdi reçoit comme code un papier indiquant les rayons atomiques de 6 éléments.

Il lit : « Classe ces atomes par taille croissante puis écris les symboles dans l'ordre obtenu pour trouver le code »

Élément	Symbole	Rayon atomique (en m)
Iode	I	$1,4 \times 10^{-10}$
Carbone	C	7×10^{-11}
Phosphore	P	100×10^{-12}
Azote	N	$0,65 \times 10^{-9}$
Hydrogène	H	$2,5 \times 10^{-11}$
Oxygène	O	600×10^{-13}

a Mehdi essaie aussitôt le code NIHCPO, qui ne marche pas. **Explique le raisonnement qu'a pu faire Mehdi.**

....

b Mehdi décide alors de mettre tous ces nombres en notation scientifique. **Reconstitue son tableau.**

	Rayon atomique (en m)	Notation scientifique		Rayon atomique (en m)	Notation scientifique
I	$1,4 \times 10^{-10}$	....	N	$0,65 \times 10^{-9}$	....
C	7×10^{-11}	....	H	$2,5 \times 10^{-11}$	....
P	100×10^{-12}	....	O	600×10^{-13}	....

c Pour en avoir le cœur net, Mehdi exprime les 6 nombres en fonction de 10^{-12}, en écrivant par exemple I = $1\ 400 \times 10^{-12}$. **Fais comme lui et trouve enfin le code.**

CODE

......	......	......	......	......	......

DÉFI VACANCES

Le générateur de code

Mehdi sait que son prochain code sera un nombre à 4 chiffres, un produit d'une puissance de 2 et d'une puissance de 3. Il élabore le script suivant :

```
quand [drapeau] est cliqué
mettre a à nombre aléatoire entre 0 et 13
mettre b à nombre aléatoire entre 0 et 8
mettre 2^a à 1
mettre 3^b à 1
répéter a fois
    mettre 2^a à 2^a · 2
répéter b fois
    mettre 3^b à 3^b · 3
dire 2^a · 3^b
```

a **Pourquoi Mehdi bloque-t-il les variables a à 13 et b à 8 ?**

....

b **Combien de possibilités de codes à 4 chiffres ce script va-t-il fournir à Mehdi ?**

....

LE COURS

● Définition des puissances d'un nombre

▶ Le **produit** de n facteurs (n entier positif) tous égaux à x s'écrit :

$x^n = \underbrace{x \times x \times x \times ... \times x}_{n \text{ fois}}$

▶ x^2 se lit « x **au carré** » et x^3 se lit « x **au cube** ».

▶ Pour tout nombre $x \neq 0$, on a $x^0 = 1$. Pour tout nombre x, on a $x^1 = x$.

● Inverse d'un nombre

On note x^{-1} l'**inverse** de x.

$x^{-1} = \dfrac{1}{x}$.

● Formules de calcul

$x^2 \times x^3 = x^{2+3}$

et $x^3 \times y^3 = (x \times y)^3$.

Si $x \neq 0$, on a aussi $\dfrac{x^5}{x^2} = x^{5-2}$.

● Puissances de 10

▶ 10^n c'est 1 suivi de n zéros si $n > 0$, mais c'est 1 précédé de n zéros si $n < 0$, avec une virgule après le premier 0.

$10^3 = 1\ 000$	$10^{-4} = 0,000\ 1$
$10^7 = 10\ 000\ 000$	$10^{-2} = 0,01$

▶ Pour les puissances de 10, on peut aussi calculer des « puissances de puissances ».

Ainsi, $(10^3)^4 = 10^{3 \times 4} = 10^{12}$.

$(10^5)^{-3} = 10^{5 \times (-3)} = 10^{-15}$.

● Notation scientifique

▶ Un nombre est en **notation scientifique** lorsqu'il est le produit d'un nombre compris entre 1 et 10 (strictement) et d'une puissance de 10.

$7,22 \times 10^4$ est la notation scientifique de 72 200, mais pas $0,722 \times 10^5$ ni $72,2 \times 10^3$.

▶ Les calculatrices disposent d'un mode « écriture scientifique » qui permet de vérifier ce type de calculs.

Animal Testing

More than 2.81 million live animal experiments were authorized in Great Britain in 2005. Around the world, animals are used to test products
5 ranging from[1] shampoo to new cancer drugs.

Almost every medical treatment you use has been tested on animals. Animal testing has helped to develop
10 vaccines against diseases like polio and TB[2]. Antibiotics, HIV drugs[3], insulin and cancer treatments also rely on[4] animal testing. Animals were also used to develop anesthetics to
15 prevent suffering during surgery[5].

However, UK regulations[6] (the Animals Act of 1986) are considered to be some of the most rigorous in the world.

People who are in favour of animal testing say
20 that millions of animals are killed for food every year and they think animals don't feel any pain[7] as they are killed too quickly to suffer. Those who are against animal testing think that killing animals is not morally different from murder. All types of animals are used,
25 including 6 million mice. It is morally right to you? What is your opinion about it?

• Le passif

VOCABULAIRE

[1] **range from ... to:** aller de ... à, varier entre ... et

[2] **TB:** abréviation de *tuberculosis*

[3] **HIV drugs:** médicaments contre le sida

[4] **rely on:** reposer sur, dépendre de

[5] **surgery:** actes chirurgicaux

[6] **regulations:** lois

[7] **pain:** douleur, souffrance (= *suffering*)

Compréhension

1 **Quel autre titre conviendrait pour ce texte ?**

❏ Human Pain   ❏ How to Make Cleaning Products?

❏ Scientists Need Animals to Test New Drugs   ❏ For or Against Animal Testing?

2 **Barre les mots qui n'ont pas de rapport avec le texte :**

experiments	pollution	recycle	food	pain
vaccines	pets	protection	scientists	cruelty

3 **Relie ces mots à l'illustration et à la définition qui leur correspondent.**

a  •   • Mammals •   • A problem that can affect the vital functions of the body.

b  •   • Vaccine •   • Endure pain.

c •   • Experiment •   • Vertebrate species that nourish their babies with milk.

d •   • Suffer •   • A product made to produce immunity to a particular disease.

e  •   • Disease •   • An operation made to test an unknown effect.

Grammaire

4 **Coche les phrases au passif et souligne le verbe.**

Exemple: Cosmetics are tested on animals.

a ☐ Scientists use animals to test cleaning products.

b ☐ Penicillin was discovered by Alexander Fleming.

c ☐ Lots of animals were killed in 2004.

d ☐ British legislation protects animals from suffering.

e ☐ Animals are used to test products such as new cancer drugs.

5 **Mets les verbes entre parenthèses au passif et au temps qui convient (présent ou prétérit).**

a In 1885, the first rabies vaccination (invent) .... by Louis Pasteur.

b The Animals Act of 1986 (consider) .... to be one of the most rigorous in the world.

c Many mice (use) .... to test drugs because their genes are very similar to those of human beings.

d Many animals (kill) .... for food every year, but many British people (shock) .... by animal testing.

LE COURS

● Emploi du passif

▶ Au passif, on s'intéresse plus à **celui qui subit l'action** (sujet de la phrase) qu'à celui qui agit (le complément d'agent). Parfois, l'agent n'est pas mentionné.

Actif : *Scientists test cleaning products on animals.*
Passif : *Cleaning products are tested on animals (by scientists).*

● Formation du passif

▶ **Au présent simple**

Sujet + *be* conjugué au présent + participe passé du verbe (+ *by* + agent)
The scientists use animals to test drugs.
➜ *Animals are used (by scientists) to test drugs.*

▶ **Au prétérit**

Sujet + *be* conjugué au prétérit + participe passé du verbe (+ *by* + agent)
Great Britain authorized 2.81 million live animal experiments.
➜ *2.81 million live animal experiments were authorized (by Great Britain).*

La classe ouvrière au XIXᵉ siècle

LE COURS

● La révolution industrielle

▶ L'Europe connait au XIXᵉ siècle de grands changements économiques. La **révolution industrielle** met l'**usine** au cœur de l'économie tandis que l'**agriculture** se modernise.

▶ L'essor des **villes** s'accompagne de l'enrichissement de la **bourgeoisie** grâce au travail des **ouvriers** dans les mines, le textile ou la sidérurgie.

● La vie des ouvriers

▶ La **condition ouvrière** est **misérable**. Les journées sont longues, les salaires bas, les logements insalubres. Il n'y a aucune aide en cas de chômage, accident, maladie, ni de retraite ou de vacances.

▶ Cependant, à partir du milieu du siècle, les conditions de vie s'améliorent lentement, grâce à la **lutte sociale** (naissance du syndicalisme).

Coup de pouce

● Lire un tableau

▶ Croiser les données verticales et horizontales et ne prendre que les informations intéressantes.

▶ Ainsi, dans la question 2, il s'agit de l'horaire de travail et non de l'activité de l'enfant (ne pas tenir compte donc du temps à l'école).

1 Décris les conditions de vie des ouvriers à Lille. (cours et doc. 1)

....

....

2 Calcule l'horaire d'une journée puis d'une semaine (six jours) de travail d'un enfant à l'usine. Compare avec la situation actuelle des salariés. (doc. 2)

....

....

3 À quel moment les enfants vont-ils à l'école ? Commente cet horaire. (doc. 2)

....

....

4 Explique les raisons de l'emploi de jeunes enfants par les patrons. (doc. 3)

....

▮ DOC 1
La misère

« Il y a là des bouges improprement appelés maisons qui seraient à peine assez vastes pour deux personnes et qui contiennent trois ou quatre familles entassées, sans meubles, presque sans linges […]. C'est la misère, toujours la misère, souvent hideuse […] rarement dissimulée. »

Hippolyte Verly, journaliste, 1886, cité in Pierre Pierrard,
La Vie ouvrière à Lille sous le Second Empire, Bloud et Gay, 1965.

▮ DOC 2
La journée de travail d'un enfant à l'usine, à Lille en 1866

	Entrée usine	Départ école	Retour usine	Sortie usine
Été	5 h 30	12 h	13 h 30	21 h
Hiver	6 h	12 h	13 h 30	20 h

▮ DOC 3
L'exploitation des enfants

« Il ne faut pas se dissimuler que le bénéfice d'une industrie est de faire faire par les ouvriers les plus jeunes (1 franc 50 par jour) ce qu'on faisait faire par les plus âgés (3 à 5 francs par jour). »

Jules Leurent, industriel, cité in Pierrard, *op. cit.*

Reproduction humaine et santé

1 Donne une définition de la contraception. (cours)

2 Complète le doc. 1 à l'aide du cours, en y légendant les différentes méthodes de contraception.

3 Qu'est-ce que la PMA ? Donne des exemples. (doc. 2 et cours)

4 Que permettent les préservatifs en plus des autres moyens de contraception ? (cours)

LE COURS

● Les progrès en médecine

Les progrès de la médecine assurent aux couples une meilleure maitrise de la reproduction.

▶ Grâce à la **contraception**, la femme et l'homme peuvent choisir le moment le plus approprié pour donner naissance à un enfant.

▶ Les **techniques de procréation médicalement assistée** (PMA) permettent à des couples jusque-là stériles de donner la vie.

● Quelques méthodes de contraception

▶ La **pilule** permet le blocage de l'ovulation, empêche la prolifération de la muqueuse utérine et modifie le mucus du col de l'utérus qui freine le passage des spermatozoïdes.

▶ Les **spermicides** (gels, crèmes…).

▶ Les **préservatifs** (féminin et masculin) permettent en plus la prévention de la transmission des IST (Infections Sexuellement Transmissibles). Leur efficacité est accrue avec l'utilisation conjointe d'un spermicide.

▶ Le **diaphragme**, le **stérilet**.

▶ La **ligature des trompes** et la **vasectomie** sont des méthodes chirurgicales irréversibles.

● L'aide à la procréation

Un couple sur dix en France éprouve des difficultés à faire un enfant.

▶ Lorsque la femme est stérile (sécrétion anormale d'hormones, obstruction des trompes de l'utérus…), on peut réaliser une **fécondation *in vitro* et un transfert d'embryon** (FIVETE).

▶ Lorsque l'homme est stérile (spermatozoïdes anormaux, en nombre insuffisant…), on peut réaliser une **insémination artificielle** : le médecin dépose, au niveau du col de l'utérus ou dans l'utérus, du sperme d'un donneur.

DOC 1
Les différents moyens de contraception

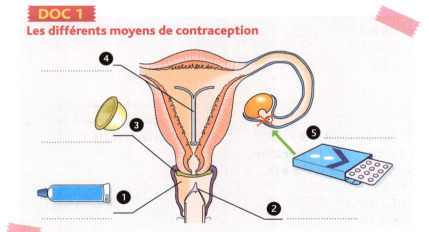

DOC 2
La FIVETE, un exemple de PMA

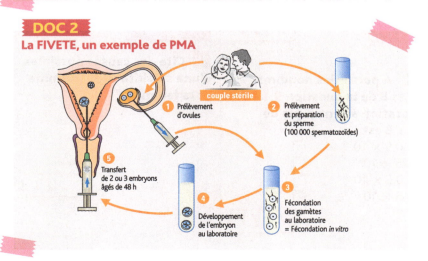

Bilan

de la séquence ❾

Français

1 Souligne la proposition subordonnée et indique sa nature :

Je me demande s'il est content de son appartement.

a. ☐ relative

b. ☐ interrogative indirecte

/2

2 Souligne la proposition subordonnée et indique sa nature :

Les oiseaux se sont envolés par la fenêtre qui était ouverte.

a. ☐ relative

b. ☐ complétive

/2

3 Souligne la proposition subordonnée et indique sa nature :

Je crois que nous avons oublié les clés.

a. ☐ relative

b. ☐ complétive

/2

4 Souligne la proposition subordonnée et indique sa nature :

Appelle-moi dès que tu seras arrivé.

a. ☐ relative

b. ☐ circonstancielle

/2

5 Souligne la proposition subordonnée et indique sa nature :

Les plantes qui sont sur le balcon ont gelé.

a. ☐ relative

b. ☐ complétive

/2

Maths

6 $7^5 \times 3^5$ est égal à :

a. 10^5 ☐

b. 21^5 ☐

c. 10^{10} ☐

d. 21^{10} ☐

/1

7 $\dfrac{2^5 \times 3^6}{3^3 \times 2^3}$ est égal à :

a. $2^2 \times 3^3$ ☐

b. $\dfrac{6^{11}}{6^5}$ ☐

c. $\dfrac{6^{30}}{6^9}$ ☐

/1

8 La notation scientifique de 12 300 000 est :

a. $1{,}23 \times 10^7$ ☐

b. 123×10^5 ☐

c. $12{,}3 \times 10^6$ ☐

/1

9 On donne A = 3×10^{185} et B = 6×10^{191}. La notation scientifique de A × B est :

a. 18×10^{376} ☐

b. $18 \times 10^{35\,335}$ ☐

c. $1{,}8 \times 10^{377}$ ☐

d. $1{,}8 \times 10^{35\,336}$ ☐

/1

10 À partir des nombres A et B de la question **9**, la notation scientifique de A ÷ B est :

a. $0{,}5 \times 10^{-6}$ ☐

b. 5×10^{-5} ☐

c. $0{,}5 \times 10^{-5}$ ☐

d. 5×10^{-7} ☐

/1

Anglais

11 Conjugue le verbe entre parenthèses au passif.

New cars (build) .... *by robots.*

/1

12 Conjugue le verbe entre parenthèses au passif.

My parents (invite) .... *by the Queen a few years ago.*

/1

13 Conjugue le verbe entre parenthèses au passif.

My neighbour (suspect) .... *of murder because his wife has disappeared.*

/1

Histoire

14 Quel a été le rôle de la classe ouvrière dans la France du XIXe siècle ?

....

....

....

/1

SVT

15 Cite des causes possibles d'une stérilité chez l'homme et la femme.

....

....

....

/1

SÉQUENCE ⑩

Teste-toi avant de commencer

Français

1 **Dans « surnaturel », l'élément *sur* est :**
a. un préfixe ☐
b. un suffixe ☐
c. le radical ☐
d. la racine ☐

/2

2 ***Inquiéter* et *rassurer* sont :**
a. des synonymes ☐
b. des antonymes ☐
c. des mots de la même famille ☐

/2

3 **Coche le synonyme de « laid » :**
a. beau ☐
b. repoussant ☐
c. laideur ☐
d. horreur ☐

/2

Maths

Voici un tableau de proportionnalité :

a	3	12	93
b	8	32	....

4 **Le nombre qui manque dans le tableau est :**
a. 248 **b.** 242 **c.** 232

/2

5 **Le produit en croix qui donne le nombre manquant est :**
a. $\dfrac{12 \times 32}{93}$ **b.** $\dfrac{12 \times 93}{32}$ **c.** $\dfrac{93 \times 32}{12}$

/2

6 **Si on ajoute une colonne avec *b* = 20,4 alors *a* est égal à :**
a. 7,65 **b.** 7,2 **c.** 7,14

/2

Anglais

7 **Coche la bonne réponse.**
Dans une proposition subordonnée relative, quand l'antécédent est une chose, on utilise le pronom relatif :
a. who ☐
b. which ☐
c. whose ☐

/3

Histoire

8 **En quelle année fut votée la loi de séparation des Églises et de l'État ?**
a. 1900 ☐
b. 1905 ☐
c. 1909 ☐

/2

Physique-Chimie

9 **Cite quatre sortes d'énergie de la vie courante en t'appuyant sur des exemples.**

....
....
....
....
....

/3

Ton score ____ /20

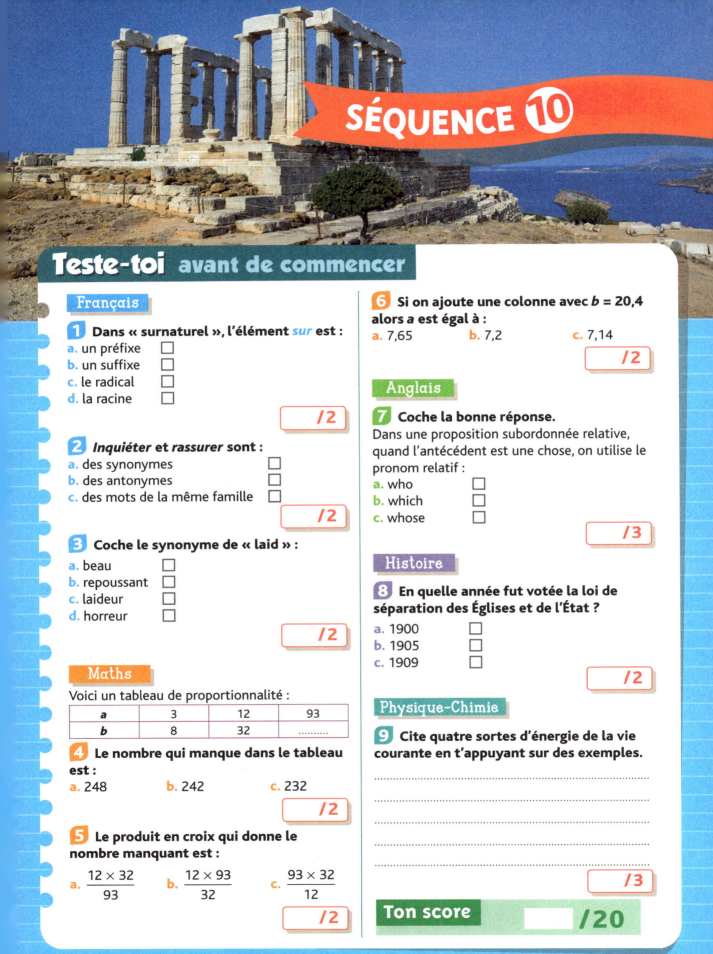

Survivre pendant la guerre

• Reconnaitre les antonymes et les synonymes
• Identifier les préfixes

Cette planche de manga se lit dans le sens de l'écriture japonaise, de droite à gauche.

Le jeune Gen grandit pendant la Seconde Guerre mondiale au Japon. Son père, pacifiste convaincu, subit un interrogatoire brutal car il est accusé de trahir son pays.

MON AÎNÉ, KOJI, A DÛ SACRIFIER SES ÉTUDES POUR TRAVAILLER GRATUITEMENT À L'USINE D'ARMEMENT.

J'AI DÉJÀ BIEN ASSEZ CONTRIBUÉ À CETTE GUERRE !...

MES ENFANTS CRÈVENT DE FAIM... ILS SE BAGARRENT TOUS LES JOURS POUR UNE SEULE PATATE ET QUELQUES GRAINS DE RIZ... TOUT ÇA POUR QU'ON PUISSE NOURRIR L'ARMÉE !

ON A PRIS TOUS NOS OBJETS EN MÉTAL, MÊME LES CASSE-ROLES ET LES MARMITES, AFIN DE CONSTRUIRE VOS NAVIRES, VOS CHARS ET FABRIQUER VOS FUSILS...

QU'EST-CE QUE DE PAUVRES GENS COMME NOUS PEUVENT FAIRE DE PLUS ?

FERME-LA ! TOUS LES JAPONAIS SONT LOGÉS À LA MÊME ENSEIGNE !

ET VOUS NOUS DITES QUE NOUS NE PARTICIPONS PAS À L'EFFORT DE GUERRE ET QUE NOUS SOMMES DES TRAÎTRES ?!

NOUS SUPPORTONS TOUT CELA.

Keiji NAKAZAWA, *Gen d'Hiroshima*, tome 1, © Vertige Graphic, 2003.

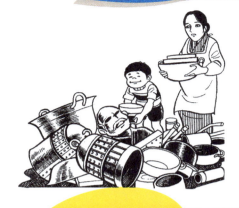

Compréhension

1 Quelle situation historique la planche évoque-t-elle ?

☐ Les effets de la guerre dans la vie quotidienne.
☐ Le patriotisme des citoyens.
☐ Les grandes batailles de la guerre.

2 Coche trois procédés utilisés par l'auteur pour montrer la brutalité de la police.

☐ les gestes   ☐ la contre-plongée et la plongée
☐ les costumes   ☐ le langage familier
☐ le sang sur le visage du père ☐ les armes

3 Dans la deuxième bande, comment l'auteur traduit-il la puissance de l'armée ?

☐ par le choix du vocabulaire   ☐ par les mimiques
☐ par les oppositions suggérées par les diagonales

Vocabulaire

4 Indique un antonyme de chacun des mots suivants. Souligne le préfixe si tu en as employé un.

a guerre................................... **b** pauvres...
c armement............................ **d** faire..

5 Choisis un préfixe dans la liste suivante pour former un antonyme de chacun des termes proposés.

mal-, a-, para-, anti-, dé-, dis-.

...................gel – ....normal – ....habile –

...................constitutionnel – ....symétrique

6 Quelle idée les préfixes soulignés expriment-ils parmi les suivantes : *assez, au-dessus, autour, avant, après, avec, trop, trop peu, vers* ?

surexposé : .... – paratexte : ....
préfixe : .... – hyperémotif : ....

7 Choisis le synonyme précis du terme proposé.

a usine :   ☐ fabrique ☐ industrie ☐ constructeur
b contribuer : ☐ arrêter ☐ participer ☐ anticiper

8 Trouve dans la planche un équivalent en langage familier de ces termes courants.

tais-toi : .... meurent : ....

pomme de terre : ....

LE COURS

● La bande dessinée

▶ Des **bandes** composées de **cases** ou **vignettes** forment une **planche**. Leurs formats et leurs cadres peuvent varier.

Les trois bandes de deux cases de la planche de Gen sont disposées horizontalement et verticalement.

▶ Les **cases** sont construites comme les plans d'un film : plongée/contre-plongée, gros plan, plan général...

▶ Le **texte** est dit par un **personnage**, dans une bulle, ou par un **narrateur**, dans le haut de la case.

Case 1 : vue du père en __plongée__ et __en gros plan__. Son discours est dans une __bulle ondulée__.

● Préfixe, antonyme et synonyme

▶ **Le préfixe**

On l'ajoute **avant un radical** pour **en modifier le sens**.

__in__visible est le contraire de visible / __pré__visible signifie « qui peut être vu __avant__ » de se produire.

▶ **Antonyme et synonyme**

Un **antonyme** est le contraire d'un mot. Deux **synonymes** ont le même sens, appartiennent à la même classe mais pas nécessairement au même niveau de langue.

__Belle__ n'est qu'un synonyme imparfait de __jolie__ (sens moins fort) ; __laide__ est son antonyme.

L'ivresse des sommets

1 À l'assaut des sommets

Marc part gravir le pic des Posets, dans les Pyrénées. Il règle son altimètre et réalise le relevé suivant.

Altitude (m)	1 230	1 530	1 770	2 570	2 930	3 370
Heure	7 h 00	7 h 45	8 h 21	10 h 21	11 h 15	12 h 21

a Complète le tableau.

Dénivelé (m)	300	240	......	......	440
Durée (min)	45	......	......	......	......

> Le dénivelé est la différence entre l'altitude d'arrivée et celle de départ.

b A-t-on en **a** un tableau de proportionnalité ? Si oui, quelle est la vitesse de montée (en mètres par heure) de Marc ?

....

....

c Au retour, Marc descend 600 m par heure. Il entame sa descente à 15 h 00. À quelle heure sera-t-il de retour au parking à l'altitude 1 230 m ?

....

....

....

2 Deuxième ascension

Le jour suivant, Marc recommence sa course et décide de fournir plus d'efforts : il marchera 10 % plus vite à la montée et descendra à 800 m par heure.

a Quelle sera sa vitesse de montée ?

....

....

b Quel sera le pourcentage d'efforts supplémentaires à fournir s'il descend 800 m par heure et non plus 600 m par heure ?

....

....

• Proportionnalité

Coup de pouce

● **Tester un tableau**

Un tableau est de proportionnalité si :
– multiplier les nombres d'une ligne par un même nombre permet d'obtenir la deuxième ligne ;
– multiplier les nombres d'une colonne par un même nombre permet d'obtenir chacune des autres colonnes.

A	2	7	10
B	5,4	18,9	27

$2 \times 3,5 = 7$
$5,4 \times 3,5 = 18,9$
$2 \times 5 = 10$
$5,4 \times 5 = 27$
On a ici un tableau de proportionnalité.

c À quelle altitude sera-t-il après 2 h 15 de montée ? Quelle sera la durée totale de sa course ?

....

....

DÉFI VACANCES

La prochaine ascension

Marc planifie sa prochaine ascension : partir des Granges d'Astau pour gravir le pic Perdiguère.

L'ascension est ainsi rythmée en fonction du relief.

Terrain	→	↑	↓	↑	→	↑	↓	→	↑	→	↑
Mètres	750	150	50	250	500	370	70	600	670	600	650

En une heure, Marc peut grimper (↑) 400 m, descendre (↓) 600 m et parcourir 4 000 m sur du plat (→).

a La carte de Marc est à l'échelle $\frac{1}{50\,000}$ et son itinéraire mesure 16 cm sur la carte.

Quelle est la distance réelle à vol d'oiseau (en m) ?

....

....

b Calcule le temps nécessaire à Marc pour atteindre le sommet du pic.

....

....

c Calcule le temps nécessaire pour redescendre du pic jusqu'aux Granges d'Astau.

....

....

d Son sac contient 11 kg. Pour chaque kg enlevé, il gagne 8 m par heure en montée et 30 m par heure en descente. Combien de temps mettrait-il pour atteindre le sommet du pic avec un sac de 7 kg ?

....

....

....

Maths

SÉQUENCE ⑩

LE COURS

● **Dans un tableau de proportionnalité**

Tout nombre s'obtient par **produit en croix**.

4	5	B
12	A	30

$A = \frac{12 \times 5}{4} = 15.$ $B = \frac{4 \times 30}{12} = 10.$

● **Vitesse**

Pour calculer une **vitesse v** (en km.h⁻¹), on divise la **distance d** parcourue (en km) par la **durée t** du parcours (en h), d'où la formule $v = \frac{d}{t}$.

On en déduit $d = v \times t$.

● **Pourcentages**

▶ **Calculer le pourcentage d'un nombre**

Calculer 30 % de 1 200.

$\frac{30}{100} \times 1\,200$*, soit 360.*

Quel pourcentage de 1 200 représente 840 ? $\frac{840}{1200} \times 100$*, soit 70 %.*

▶ **Calculer un pourcentage d'augmentation ou de diminution**

On calcule le montant de la hausse ou de la baisse, qu'on divise par la **quantité de départ**, puis on multiplie par 100.

De 130 à 143, on augmente de 10 % car $\frac{143 - 130}{130} \times 100 = 10.$

De 120 à 90, on baisse de 25 % car $\frac{120 - 90}{120} \times 100 = 25.$

● **Échelles**

$\frac{1}{100\,000}$ signifie que 1 cm sur la carte représente 100 000 cm dans la réalité (soit 1 km).

Graffiti: a Means of Expression

Graffiti, which appeared in the USA in the 1920s, is the name for images or writing scratched[1], scrawled[2], painted or marked on houses, trains, walls, etc. Graffiti is often regarded as vandalism,
5 which is punishable by law. In modern times, spray paint[3] and markers have become the most commonly used materials. There are many different types and styles of graffiti and it is a rapidly evolving[4] art form whose value as an art form is highly contested.
10 Modern graffiti was created between the years of 1969 and 1974. One of the first graffiti artists who was recognized by the media was Taki 183, a foot messenger[5]. In May 1989, artists began to break into[6] subway yards[7] in order to express their opinions,
15 communicate social and political messages. It is at that time that the act of bombing was officially established. Fab 5 Freddy is a popular graffiti figure[8] from that time, who helped spread[9] the influence of graffiti and rap music in the Bronx. With the
20 popularity of this art form, many companies now use graffiti to commercialize their products. To Marc Ecko, "Graffiti is without question the most powerful art movement of the 20th century."

VOCABULAIRE

1 **scratched:** gratté, rayé, égratigné
2 **scrawled:** griffonné, gribouillé
3 **spray paint:** peinture à la bombe (*bombing*)
4 **evolve:** évoluer, se développer
5 **foot messenger:** coursier à pied
6 **break into:** s'introduire par effraction
7 **subway yards:** dépôts du métro
8 **figure:** personnalité
9 **spread:** propager, étendre

• Les pronoms relatifs

Compréhension

1 **Coche la ou les bonnes réponses.**

a Street artists use their art to:

❏ express their opinions ❏ communicate social messages ❏ spread classical music

b The definition of graffiti is:

❏ poems ❏ images on street walls ❏ some writing on houses and trains

c Graffiti is sometimes considered as:

❏ art ❏ necessary to decorate the streets ❏ vandalism

d Graffiti is now used by:

❏ sports clubs ❏ commercial companies ❏ governments

Grammaire

2 **Recopie les cinq phrases du texte qui contiennent des pronoms relatifs et entoure ces pronoms.**

a ....
....

b ....
....

c ....
....

d ....
....

e ....
....

3 *Who*, *which* / *that*, *whose* **ou ø ? Complète les phrases avec le pronom relatif qui convient.**

a The man .... drew this graffiti on the wall is a genius.

b Graffiti is the art form .... is the most powerful.

c Brian, ... graffiti is shown in the classroom, is very proud.

d The first graffiti artist .... was discovered was a foot messenger.

e Graffiti, ... influence spread in the Bronx, was an expression of rap music.

f The graffiti .... you made is very nice.

4 **Choisis un ou deux mots dans le texte et transforme-le(s) en graffiti.**

LE COURS

● **Les propositions subordonnées relatives**

Une subordonnée relative est une **proposition introduite par un pronom relatif**. Elle donne une précision sur **l'antécédent** de la proposition principale.

A grafitti is [an image]

proposition principale   antécédent

[*which is painted on a wall*].

subordonnée relative

● **Les pronoms relatifs *who*, *which*, *that* et *whose***

▶ **Les pronoms relatifs sujets**

– Quand l'antécédent est une **personne**, on utilise *who*.

The man [who spread graffiti in the Bronx] was Fab 5 Freddy.

– Quand l'antécédent est une **chose**, on utilise *which* ou *that*.

Graffiti is a form of art [which (that) appeared in the 1920s].

▶ **Les pronoms relatifs compléments d'objet**

That et *which* peuvent être omis lorsqu'ils sont compléments d'objet.

The graffiti [ø I like] is over there.

▶ **Les pronoms relatifs compléments du nom (dont)**

On utilise *whose* lorsque quelque chose appartient à quelqu'un (ou à quelque chose).

The boy, [whose graffiti is exhibited at the museum], is an artist.

La République laïque en France

LE COURS

● Religion et laïcité en France

▶ En **1902**, la **IIIᵉ République** est solidement installée. Un nouveau gouvernement, radical et socialiste, est au pouvoir. **Anticlérical**, il est opposé au pouvoir de l'Église dans la société française et à ses liens avec l'État.

▶ En **1904**, interdiction est faite à l'Église d'enseigner, ce qui provoque une vive réaction du pape.

▶ En **1905**, le gouvernement réagit en faisant voter la **loi de séparation des Églises et de l'État**.

Juifs et protestants l'acceptent mais les catholiques s'y opposent. Cependant, à la veille de la guerre de 1914, c'est l'apaisement : la France devient le premier pays **laïc** d'Europe.

1 Montre que la loi n'est pas opposée aux religions et qu'elle n'en privilégie aucune. (doc.)

....

....

....

....

2 D'après les articles 2 et 30, qu'appelle-t-on la laïcité ? (doc.)

....

....

....

....

3 À partir de quand la loi est-elle acceptée ? (cours) Est-elle encore en vigueur aujourd'hui ?

....

....

....

....

Coup de pouce

● Vers l'enseignement moral et civique

Note que ce sujet d'histoire éclaire notre présent : comprendre la République laïque, la séparation des Églises et de l'État, c'est donc aussi de l'enseignement moral et civique.

DOC

Extraits de la loi de séparation des Églises et de l'État

« Art. 1ᵉʳ : La République assure la liberté de conscience. Elle garantit le libre exercice des cultes sous les seules restrictions édictées ci-après dans l'intérêt de l'ordre public.

Art. 2 : La République ne reconnaît, ne salarie, ni ne subventionne aucun culte. […]

Art. 30 : […] l'enseignement religieux ne peut être donné aux enfants âgés de 6 à 13 ans, inscrits dans les écoles publiques, qu'en dehors des heures de classe. »

live!

Sources d'énergie

1 Qu'est-ce qu'une source d'énergie ? Cite quelques exemples. (cours)

....

....

....

2 Complète le tableau par la forme d'énergie correspondant à chaque proposition. (cours)

Proposition	Barrage	Four solaire	Camion (moteur)	Centrale nucléaire	Réchaud à gaz
Forme d'énergie					

3 L'eau d'un barrage est-elle une source d'énergie renouvelable ? Justifie ta réponse.

....

....

....

4 Décris la chaine d'énergie du vent à la maison. (doc.)

....

....

....

....

....

....

DOC
Chaine d'énergie du vent

LE COURS

● Différentes formes d'énergie

▶ L'énergie existe sous différentes formes. Les plus courantes sont :
– **l'énergie mécanique** associée à un objet en mouvement ;
– **l'énergie thermique** associée à de la matière susceptible de fournir de la chaleur ;
– **l'énergie électrique** ;
– **l'énergie chimique** associée à une réaction chimique ;
– **l'énergie lumineuse** ;
– **l'énergie nucléaire**.

▶ L'air ou l'eau en mouvement, le soleil, les eaux d'un barrage, le charbon, le fuel, l'uranium sont des objets ou de la matière susceptibles de fournir de l'énergie : ce sont des sources d'énergie.

● Énergies renouvelables, non renouvelables

▶ Certaines sources d'énergie sont dites **renouvelables** : elles se reconstituent constamment comme le soleil, l'eau, le vent...

▶ **Les sources d'énergie les plus utilisées ne sont pas renouvelables** comme le pétrole, le charbon ou le gaz naturel. Ce sont des **matières fossiles**, constituées grâce à l'énergie solaire pendant des millénaires, qui ne peuvent pas se renouveler rapidement et qui s'épuisent peu à peu.

● Chaine d'énergie

▶ L'énergie stockée n'apparait que lorsqu'elle se transforme : l'énergie d'un cycliste apparait sous forme d'énergie mécanique lorsqu'il actionne le pédalier qui fait avancer le vélo. Pour s'arrêter, le cycliste va freiner : le patin de frein frotte contre la jante avec la transformation de l'énergie mécanique en chaleur ou énergie thermique. C'est ce que l'on nomme **une chaine d'énergie**.

Bilan
de la séquence ⑩

Ton score ☐ **/20**

Français

1 Choisis le préfixe qui convient pour former l'antonyme de ce mot :
« *habile* ».
a. ☐ mal-
b. ☐ in-
c. ☐ més-

/1

2 Choisis le préfixe qui convient pour former l'antonyme de ce mot :
« *agréable* ».
a. ☐ in-
b. ☐ dés-
c. ☐ anti-

/1

3 Choisis le synonyme de ce mot :
« *rapide* ».
a. ☐ vitesse
b. ☐ véloce
c. ☐ urgent

/1

4 Choisis le synonyme de ce mot :
« *accaparer* ».
a. ☐ dérober
b. ☐ s'approprier
c. ☐ prendre

/1

5 Choisis le synonyme de ce mot :
« *dérober* ».
a. ☐ voler
b. ☐ saisir
c. ☐ attraper

/1

Maths

6 Coche le tableau qui n'est pas un tableau de proportionnalité.

a.

3	1,2	2,7
13	5,2	11,7

☐

b.

91,5	0,285	5,1
61	0,19	3,4

☐

c.

7,2	25	5
11,2	40	8

☐

/2

7 Sur l'autoroute, Pascal a programmé son régulateur de vitesse sur 126 km/h et roule ainsi à vitesse constante durant 2 h.
Complète les relevés intermédiaires de son trajet.

Distance parcourue (km)	Temps de trajet (min)
....	9
84	....
126	60
231	....

/3

Anglais

8 Choisis le pronom relatif qui convient.
.... *dessert do you prefer?*
☐ who
☐ which

/1

9 Choisis le pronom relatif qui convient.
Do you know the man .... *is destroying the door?*
☐ who
☐ which

/1

10 Choisis le pronom relatif qui convient.
Mr. Norris, ... *job is to teach Art, hates Picasso.*
☐ which
☐ whose

/1

Histoire

11 Quelle est l'action de la IIIᵉ République dans le domaine des rapports entre l'Église et l'État ?

....
....
....
....

/3

Physique-Chimie

12 Décris la chaine d'énergie, du barrage à l'alimentation électrique de la maison.

....
....
....
....

/4

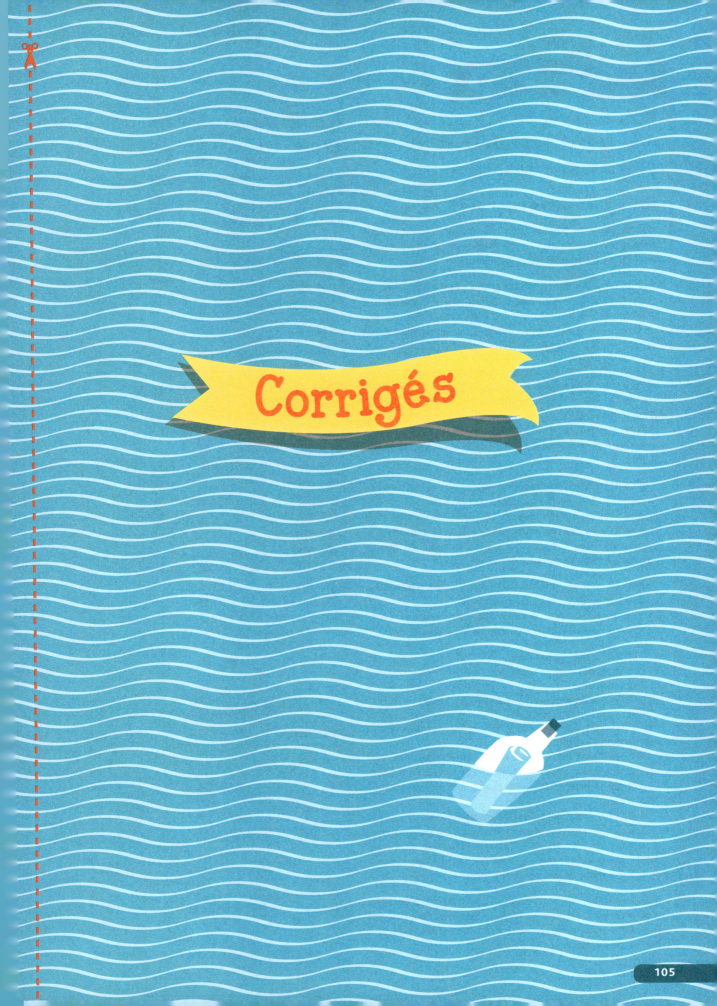

Corrigés

Corrigés

SÉQUENCE ① → p. 5 à 14

Teste-toi → p. 5

1 a, c, d, e. **2** a. **3** b. **4** b. **5** b. **6** c. **7** c. **8** a, c et e.

9 XVIIIᵉ siècle. **10** Lave, roches, gaz, cendres.

Français Voyage dans le temps → p. 6

1 La scène se déroule **dans un atelier** comme indiqué dans la dernière phrase. C'est un atelier de peinture, comme le montre le champ lexical de la peinture.

2 « Maître Joachim » est **un grand peintre** : en effet, on fait référence dans le texte à sa blouse et à un tableau qu'il garde en secret ; on relève également l'« apprentissage chez un grand peintre » (l. 3-4). En outre, le tableau en illustration est attribué à Joachim Patinir.

3 Les mots qui prouvent que Peter va commettre un acte répréhensible (s'introduire dans la galerie où le peintre cache son chef-d'œuvre) sont : **« pénétrer »** (l. 13), **« jeter un coup d'œil »** (l. 13-14), **« m'y cacher »** (l. 19-20), **« me glisser »** (l. 21) et **« prétexte »** (l. 22). On peut ajouter également le fait qu'il choisisse de se rendre dans la galerie **« pendant la nuit »** (l. 20).

4 L'emploi de la **1ʳᵉ personne**, l'évocation des **sentiments** (« pétrifié », l. 2) et des **pensées** (« ma décision fut vite prise », l. 12-13 ; « je réfléchis », l. 17-18) du personnage ainsi que le **récit de ses mouvements** (« mes yeux tombèrent », l. 8-9 ; « m'envoya […] chercher », l. 18-19) prouvent que ce passage est raconté du point de vue de Peter.

5 **a)** L'indice grammatical au masculin est **« pétrifié »** (l. 2) : le narrateur est donc bien un garçon.
b) Si le narrateur avait été une fille, l'auteur aurait écrit : « j'étais comme **pétrifiée** au milieu de la pièce ».

6 **a)** Tout le monde **est** sorti.
b) La plupart des sentiers **vont** vers l'est.
c) Chacun **a** son avis.
d) Beaucoup d'enfants **arrivent** encore en retard.

7 – Le sujet d'*avaient été* (l. 5-6) est **« mon passé, ma mère, l'école et tout le reste »**.
– Le sujet d'*avait déclenché* (l. 6) est **« qui »** (pronom relatif) ou **« ce qui »** (pronom démonstratif suivi d'un pronom relatif) car on peut décomposer la tournure interrogative de deux façons.
– Le sujet de *tombèrent* (l. 9) est **« mes yeux »**.
– Le sujet d'*avait remis* (l. 10) est **« il »**, soit « maître Joachim ».
– Le sujet de *permettrait* (l. 14) est **« il »**, soit « un coup d'œil », placé après le verbe à cause de l'adverbe « peut-être » et de la tournure interrogative de la phrase.

8 Pendant que Jan continuait son travail du mieux possible, **il réfléchit** à la façon dont **il allait** procéder. Et, quand Jan **l'envoya** dans le petit réduit chercher une autre spatule, **il décida** de **s'y** cacher le soir même.

Maths Jeu de rôles mortel → p. 8

1 **a)** $10 + 2 \times (-3) + 1 \times (-2)$
$= 10 + (-6) + (-2) = 10 - 6 - 2 = \mathbf{2}$.
Il lui reste 2 points de vie et il est vivant.
b) $(-1) + 5 \times (-3) + 4 \times (-2)$
$= (-1) + (-15) + (-8) = -1 - 15 - 8 = \mathbf{-24}$.
Il est à −24 points de vie et il est mort.
c)

Situation	A	B	C	D	E	F	G
Points de vie au départ	+ 12	+ 25	− 2	+ 8	− 9	+ 7	+ 4
Sort(s) reçu(s)	3	6	5	1	2	0	3
Coup(s) d'épée reçu(s)	5	6	2	9	0	9	6
Points de vie finaux	− 7	− 5	− 21	− 13	− 15	− 11	− 17

2 **a)** $10 + (-3) \times (-5) = 10 + (+15) = \mathbf{25}$.
Il est vivant.
b) $12 + (-3) \times (+7) = 12 + (-21) = \mathbf{-9}$.
Il est vivant.
c)

Situation	A	B	C	D	E	F	G
Points de vie au départ	+ 12	+ 25	− 2	+ 8	− 9	+ 7	+ 4
Première carte	− 3	+ 6	+ 5	+ 1	− 2	− 2	− 4
Deuxième carte	− 5	− 6	+ 2	− 9	+ 4	− 9	+ 6
Points de vie finaux	+ 27	− 11	+ 8	− 1	− 17	+ 25	− 20

3 $(-5) \div (+2) + (-3) = \mathbf{-5,5}$
$(+5,5) + (-2) \times (-6) = \mathbf{+17,5}$
$18,5 - (-5) \div (+10) = \mathbf{+19}$
$(+4) \times (+1,2) = \mathbf{+4,8}$
$(-12) \times (-5,5) = \mathbf{+66}$
$-1 - (+3) \times (+6) = \mathbf{-19}$
$7 - 8 \div (-4) = \mathbf{+9}$
$(-3) \times (-5) \times (-4) = \mathbf{-60}$
$18 \div (-2) \div (-5) = \mathbf{+1,8}$

DÉFI VACANCES

D	− 1	− 2	+ 2	− 2	+ 1
− 2	− 1	+ 2	− 2	+ 1	+ 2
+ 1	− 2	− 1	+ 1	− 1	− 1
− 1	− 1	+ 1	− 2	+ 2	− 2
− 2	+ 2	+ 2	− 2	+ 1	A

$(-1) \times (-1) \times (-2) \times (-1) \times (+1) \times (-1) \times (-1) \times (-2)$
$= (+1) \times (+2) \times (-1) \times (+2)$
$= (+2) \times (-2) = (-4)$ et on a bien $-8 < -4 < +2$

Anglais **Mobiles: Useful and fashionable**
➡ **p. 10**

1 **a) Wrong**: "Teenagers mostly use them to keep in touch with their friends" (l. 10).
b) Right : "Mobile phones are very fashionable with teenagers" (l. 7).
c) Right (l. 3-4).

2 **a)** "Parents buy mobile phones for their children: they can call home if they are in trouble and need help" (l. 7-9).
b) "when you are using your mobile to make or answer a phone call, scientists think it can be bad for your memory or give you cancer" (l. 17-19).

3 **b)** He **uses** his phone **every day**.
Every day indique qu'il y a répétition. Il faut donc utiliser le présent simple, en n'oubliant pas d'ajouter un « s » à la base verbale, puisque le sujet de la phrase est he *(3ᵉ personne du singulier).*
c) She **is talking** to her best friend.
On voit l'adolescente en train de parler. Il s'agit donc d'une action en cours.
d) He **plays** computer games on his mobile phone **every weekend**.
Every permet d'exprimer une répétition. On utilise donc le présent simple et on ajoutera un « s » à la base verbale (3ᵉ personne du singulier).

4 **a)** People **don't appreciate** mobiles when they ring in trains.
Ici, il s'agit d'un fait général. De plus appreciate *fait partie des verbes « de gout », comme* hate, love... *Le présent simple est donc obligatoire.*
b) Pete **is not using** his phone at the moment. It's broken.
On utilise le présent en be + V-ing, *car l'expression* at the moment *indique que l'action est ponctuelle : le téléphone est cassé, mais cela ne durera pas.*
c) Sandy and Emily are busy this week. They **are not answering** their friends' SMS.
Sandy et Emily sont occupées cette semaine, et cette semaine seulement. On considère qu'il s'agit d'un futur proche et non d'une habitude.

5 *Les mots indiqués en* **gras** *doivent t'aider à repérer les éléments de phrase à rassembler.*
My parents • **don't** like • sending SMS on **their** mobiles.
John • **is** calling • **his** girlfriend at the moment.
My grandfather • **doesn't** know • how to write an SMS.
You • **are** writing • messages to **your** friends.

Histoire **L'Europe des Lumières** ➡ **p. 12**

1 La concentration des pouvoirs législatif (faire des lois), exécutif (les faire appliquer) et judiciaire (exercer la justice), qui est la règle dans une monarchie absolue, conduit à une situation politique grave, contraire aux libertés souhaitées par Montesquieu.

2 Montesquieu condamne la monarchie absolue qui concentre dans les mains d'un seul homme les trois pouvoirs évoqués précédemment.

3 L'homme est naturellement libre car il est né libre.

4 Le premier devoir est de préserver ce droit naturel qui est souvent bafoué car l'homme est partout soumis à d'autres hommes, « il est dans les fers ».

SVT **Les volcans** ➡ **p. 13**

1 Un volcan est un édifice construit lors d'éruptions par la sortie de magma à la surface du globe. Il peut prendre la forme d'un dôme ou d'un cône en fonction du type de coulée de lave.

2 Éruptions effusives : coulées de lave fluide, cône, basalte. Éruptions explosives : lave visqueuse, dôme, andésite, nuées ardentes.

3 Le volcanisme explosif est le plus dangereux pour les populations car il est fait d'explosions violentes suivies de nuées ardentes.

4 Par analogie, plus la lave est épaisse, moins elle s'écoule facilement, ce qui peut expliquer le caractère explosif de certaines éruptions.

Bilan ➡ **p. 14**

1 b. **2** b. **3** a. **4** b. **5** a. **6** a. **7** c. **8** a. **9** b. **10** b. **11** a. **12** b. **13** En contestant la monarchie absolue et en affirmant les droits naturels, principalement la liberté et l'égalité des hommes, les philosophes ont contribué à saper les bases de la société d'Ancien Régime. En effet, par leurs écrits, leurs réunions dans des salons, des cafés, ils diffusent leurs idées dans un milieu d'aristocrates et de bourgeois cultivés, puis touchent progressivement un public un peu plus large dans les grandes villes. **14** Un mélange de roches partiellement fondues et de gaz en quantité variable.

Corrigés

SÉQUENCE ❷ → p. 15 à 24

Teste-toi → p. 15

1 b. **2** a et c. **3** c. **4** b. **5** c. **6** a. **7** c. **8** b.

9 Parce qu'ils relient les grandes routes maritimes.

10 Solide, liquide, gazeux. Le solide (glace, neige…) a une forme propre. Le liquide (eau) prend la forme du récipient qui le contient et sa surface au repos est plane et horizontale. Le gaz (vapeur d'eau) n'a pas de forme propre et occupe tout l'espace offert : il est compressible et expansible.

Français   Une monstrueuse araignée → p. 16

1 Scott se trouve dans **sa cave**. On évoque en effet des « bruits au-dessus de sa tête » (l. 3) mais surtout le fait qu'« il y avait maintenant cinq semaines qu'il essayait de sortir de la cave » (l. 23-24).

2 Pour se protéger de l'araignée, Scott a trouvé refuge **dans un carton**, comme l'indiquent les mentions de sa cachette aux lignes 6 (« couvercle du carton ») et 16 (« le carton qui protégeait Scott »).

3 **Parce qu'il sera bientôt plus petit que l'araignée :** Scott est en effet condamné à rétrécir (l. 24-25).

4

	Imparfait	Passé simple
Se noyer	Tu te noyais	Elles se noyèrent
	Vous vous noyiez[1]	Nous nous noyâmes
Choisir	Tu choisissais	Elle choisit
	Nous choisissions	Nous choisîmes
Revenir	Je revenais	On revint
	Vous reveniez	Nous revînmes[3]
Voir	Je voyais	Je vis
	Nous voyions[2]	Il vit
Recevoir	Elle recevait	Il reçut
	Nous recevions	Vous reçûtes[4]

1. N'oublie pas le *i* qui ne s'entend pourtant pas.
2. L'imparfait entraine la présence d'un *i* à la suite du *y*.
3. Dans cette forme, le *n* et le *m* se suivent.
4. *Recevoir*, contrairement à *voir* et *s'assoir*, et comme beaucoup de verbes en *-oir*, se conjugue en *-u*.

5 **a)** Temps : imparfait. Valeur : habitude.
b) Temps : passé simple. Valeur : actions enchainées.
c) Temps : passé simple. Valeur : action ponctuelle.
d) Temps : passé simple. Valeur : action de premier plan.
e) Temps : imparfait. Valeur : description.

6 Chaque matin, il arriv**ait** avec ponctualité chez ses clients. (L'imparfait se justifie ici car il s'agit d'une habitude.)
Mais un évènement nouveau boulevers**a** ses habitudes. (Passé simple car il s'agit d'une action ponctuelle.)
Alors qu'il voyag**eait** tranquillement dans le bus, il crois**a** le regard d'une jeune femme qui port**ait** un manteau de velours

noir. (Le premier imparfait est lié à l'arrière-plan, alors que le second renvoie à une description.)
Ses yeux le frapp**èrent** avec une force telle, qu'il renvers**a** son café sur ses genoux. (Les deux évènements évoqués s'enchainent : on choisit donc le passé simple.)

Maths   Autour de la piscine → p. 18

1 **a)**

Aire de la bâche (en m²)	9	25	100	−16	144	6,25	10	36	169
Côté de la bâche (en m)	3	5	10	✕	12	2,5	≈ 3,16	6	13

− 16 < 0 et le carré d'un nombre est toujours positif.
b) La seule bâche pouvant recouvrir une surface carrée de 12,5 m de côté est la bâche **de côté 13 m**, qui a pour aire **169 m²**.

2 **a)** Notons ABCD le rectangle de la piscine, avec AB = 7 m et AD = 10 m.
ABC est un triangle rectangle en B,
donc $AC^2 = AB^2 + BC^2$ d'après le théorème de Pythagore.
D'où $AC^2 = 7^2 + 10^2 = 149$, donc $AC = \sqrt{149}$ m,
soit AC ≈ 12,21 m.
Comme 12,21 > 12, Lucie **peut nager 12 m** en ligne droite dans la piscine d'Auréliane.
b)

Amie	Leïla	Chloé	Louise	Zoé	Marie
Longueur AB	11	10,5	9,5	13	11,5
Largeur AD	4	6	6,5	5	3,5
Longueur maximale	11,70	12,09	11,51	13,93	12,02
Possible (O/N)	N	O	N	O	O

Lucie peut nager 12 m chez Chloé, Zoé et Marie.
c) Notons ABCD la piscine de Tom, alors on a :
AC = 12 m et AB = 7,2 m.
D'après le théorème de Pythagore, on a :
$AC^2 = AB^2 + BC^2$, soit $12^2 = 7,2^2 + BC^2$, donc :
$144 = 51,84 + BC^2$,
d'où $BC^2 = 144 − 51,84 = 92,16$ et $BC = \sqrt{92,16} = $ **9,6 m.**

3 **a)** et **b)**

Triangle	1	2	3	4
AB	3 cm	7 cm	1 dm	8 cm
BC	4 cm	8 cm	24 cm	1,5 dm
AC	5 cm	11 cm	26 cm	1,7 dm
AC²	25	121	676	289
AB² + BC²	25	113	676	289
Égalité	oui	non	oui	oui
Vraie équerre	oui	non	oui	oui
Aire en cm²	6	On ne sait pas	120	60

DÉFI VACANCES

Il y a 5 lampes le long des 4 m de [AB], puis 4 lampes en tout sur [BC], dont une (en B) déjà comptée parmi les 5 étant sur [AB].

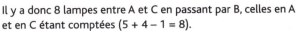

Il y a donc 8 lampes entre A et C en passant par B, celles en A et en C étant comptées (5 + 4 − 1 = 8).

Comme [CD] mesure 12 m, il y a 13 lampes sur [CD], soit 12 nouvelles puisqu'on a déjà compté celle en C.

Entre A et D, il y a donc 20 lampes en passant par B et C.

Pour calculer AD, on utilise le théorème de Pythagore :

• **dans ABC, rectangle en B :**

$AC^2 = AB^2 + BC^2 = 4^2 + 3^2 = 25$, d'où $AC = 5$ m ;

• **dans ACD, rectangle en C :**

$AD^2 = AC^2 + CD^2 = 5^2 + 12^2 = 169$, d'où $AD = 13$ m.

Il y a donc 14 lampes sur [AD], en comptant celles en A et D, soit seulement 12 nouvelles lampes. Au final, il y aura **32 lampes** autour de cette piscine.

Anglais The Coca-Cola Story → p. 20

❶ **The Most Popular Drink in the USA**.

Le titre The Famous Coca-Cola Recipe *ne convient pas, puisque justement la recette est jalousement gardée dans un coffre ; elle n'est donc pas célèbre.*

Le titre A Great Medicine *ne convient pas non plus, puisque la vente du Coca-Cola comme médicament par Pemberton fut un échec.*

❷ *Chronologie des évènements :* d = 1 ; b = 2 ; c = 3 ; e = 4 ; a = 5

❸ **a)** Asa Candler **bought** the recipe **when** Pemberton **died**.

b) Asa Candler **became** rich **when** he **sold** Coke as a drink.

c) The Coca-Cola Company **sent** bottles all over the world **when** the USA **entered** WWII.

❹ **a)** People **didn't think** John Pemberton's medicine was good for them.

b) Asa Candler **bought** the recipe in 1888.

c) Where **did** Pemberton **live**?

d) How much money **did** Asa Candler **spend** on advertising Coke?

e) Why **did** Coca-Cola **become** famous?

f) People all around the world **discovered** Coke during WWII.

g) The Coca-Cola Company **didn't want** other people to copy the recipe.

❺

Géographie Les échanges de marchandises
→ p. 22

❶ L'Union européenne, l'Asie et l'Amérique du Nord sont les trois régions du monde qui dominent le commerce mondial. Ce sont trois grandes régions développées ou en cours de développement rapide, qui abritent des villes mondiales et les principales places boursières (New York, Tokyo, Londres).

❷ Ces zones totalisent à elles trois 81,3 % de la valeur des échanges, ce qui signifie qu'elles dominent clairement le commerce mondial.

❸ L'Amérique latine, l'Afrique, la CEI et le Moyen-Orient sont des zones de faibles échanges, signifiant qu'elles sont mises à l'écart du commerce et en subissent les conséquences : croissance plus lente et développement faible.

❹ Les principaux flux maritimes relient les grands ports mondiaux entre eux, formant un réseau commercial très dense. Ce sont des routes vitales pour le commerce, car le transport maritime représente 7 milliards de tonnes de marchandises par an.

Physique-Chimie L'air qui nous entoure → p. 23

❶ L'air est composé de plusieurs constituants, principalement le dioxygène et le diazote, donc c'est un mélange.

❷ Lorsque l'on enferme un volume d'air dans une seringue que l'on bouche, on peut diminuer ou augmenter ce volume en appuyant sur le piston ou en tirant sur le piston.

Si l'on appuie sur le piston, on comprime l'air en réduisant son volume : l'air est compressible. Inversement, si on augmente le volume, on dira que l'air est expansible.

❸ Les différentes couches de l'atmosphère sont : la troposphère dans laquelle nous vivons ; la stratosphère ; la mésosphère ; la thermosphère ; l'ionosphère.

❹ C'est le dioxygène de l'air qui est nécessaire à la respiration des êtres vivants et des végétaux et sans lequel il n'y aurait aucune vie.

Bilan → p. 24

❶ b. **❷** b. **❸** a. **❹** b. **❺** a. **❻** c. **❼** b. **❽** d. **❾** c. **❿** *was selling / stole* **⓫** *was walking / saw* **⓬** *broke / was skiing*

⓭ Les zones en marge du commerce international (Moyen-Orient, Amérique latine, Afrique, CEI) sont moins développées que l'Amérique du Nord, l'Union européenne et l'Asie Pacifique, car elles ne participent pas autant au processus de mondialisation et en tirent moins de bénéfices. **⓮** L'air est un gaz constitué de plusieurs gaz comme le dioxygène, le diazote, l'argon. C'est donc un mélange. Les proportions de chaque gaz sont : 21 % de dioxygène, 78 % de diazote, 1 % d'autres gaz.

Teste-toi ➡ p. 25

1 a. **2** b. **3** b. **4** a. **5** c. **6** a. **7** b. **8** b. **9** c.
10 L'épicentre.

Français **Une abominable créature** ➡ p. 26

1 On trouve **cinq** personnages dans cette scène :
– le détective **Sherlock Holmes** (l. 1) ;
– le narrateur du récit, appelé **Watson**, désigné par le pronom « Je » (l. 5, par exemple) ;
– le compagnon de ces deux personnages (« tous les trois », l. 4), **Lestrade** (l. 9) ;
– le personnage de **Sir Henry**, que les trois premiers observent, et qui est attaqué par le chien (l. 27) ;
– et enfin, le personnage éponyme (qui donne son nom au titre de l'ouvrage), le **chien** lui-même, qui apparait ligne 12.

2 C'est **Sherlock Holmes** qui voit le chien en premier, puisqu'à la ligne 6, Watson, qui observe son ami, évoque la transformation de son visage à la vue de la bête. Lestrade le voit ensuite et s'évanouit immédiatement (l. 10). Enfin, il apparait aux yeux de Watson lui-même (l. 12).

3 Les réactions sont opposées et traduisent des traits de personnalité des trois hommes :
– **Lestrade s'évanouit** à la vue du chien : « poussa un cri de terreur et s'écroula la face contre terre » (l. 9-10) ;
– **Watson** est d'abord **« paralysé »** (l. 12) par le spectacle horrible qu'il voit, mais **reprend vite ses esprits** : « récupéré la maîtrise de nos nerfs » (l. 22) ;
– **Holmes** est le plus courageux. Watson évoque certes sa **peur** (« son visage était livide », l. 6), mais aussi une certaine **satisfaction** (« exultant », l. 7) de s'approcher de la solution du mystère. Il le compare ainsi à un « loup » (l. 7) qui a trouvé sa proie. La **surprise** de Sherlock Holmes (« stupéfaction », l. 9) est un sentiment bien moins fort que ceux qui submergent ses compagnons.

4 – « noir » (l. 13) est épithète.
– « blême » (l. 27) est attribut du sujet.
– « abominable » (l. 28) est épithète.

5 Les compléments du nom des lignes 20 à 25 sont :
– **« des pas »** (l. 21) qui complète le nom « piste » (l. 20) ;
– **« de notre ami »** (l. 21) qui complète le nom « pas » (l. 21) ;
– **« de nos nerfs »** (l. 22) qui complète le nom « maîtrise » (l. 22) ;
– **« de nos balles »** (l. 25) qui complète le pronom « une » (l. 25).

6 Il y a en tout cinq propositions subordonnées relatives :
– « qui arma son revolver » ; antécédent : « Holmes » (l. 1) ;
– « qui bondissait vers nous » ; antécédent : « forme » (l. 12) ;
– « qui dévalait du brouillard » ; antécédent : « bête » (l. 18) ;
– « qui s'était retourné » ; antécédent : « Sir Henry » (l. 27) ;
– « qui fonçait sur lui » ; antécédent : « créature » (l. 29).

7 a) Au moment **où** Lestrade, **que** j'avais oublié dans ma précipitation et **qui** poussa un cri de terreur, s'écroula la face contre terre, je sautai sur mes pieds ; j'étais paralysé par la forme sauvage, monstrueuse **que** nous voyions bondir vers nous.

b) Le narrateur de ce texte est **un homme**, comme le prouve le participe passé « paralysé » (l. 12) accordé au masculin singulier. Employé avec l'auxiliaire *être*, il s'accorde en genre et en nombre avec le sujet du verbe, « j' ».

8 L'atmosphère du texte est particulièrement **terrifiante** comme le prouvent les expansions « précipités, nerveux » (l. 3), « livide » (l. 6), « de terreur » (l. 10), « sauvage, monstrueuse » (l. 12), « plus fantastique, plus infernale » (l. 18), « épouvantable » (l. 24), « blême » (l. 27), « horrifié » (l. 28) et « abominable » (l. 28).
Le terme « inquiétante » n'est pas assez fort pour caractériser l'atmosphère du texte.

9 De quelque part au cœur de **cette** brume **rampante** résonna **une petite** musique **continue** de course **précipitée, nerveuse**.

Maths **Un peu d'énergie** ➡ p. 28

1

Corps	Piéton	Coureur	Cycliste	Moustique	Camion
m (en kg)	50	50	70	0,000 012	10 000
v (en m.s^{-1})	1	2,2	7,5	20	7,5
E (en J)	25	121	1 968,75	0,002 4	281 250

2 À barrer : 1b / 2a / 3a.

3 a)
$A = 3x^3 - x + 7x^2 + 9x^3 - 4x$
$\quad = 3x^3 + 9x^3 + 7x^2 - x - 4x$
$\quad = \mathbf{12x^3 + 7x^2 - 5x}$
$B = 5y^2 - 12 + 9y^2 + 4y - 8y^2$
$\quad = 5y^2 + 9y^2 - 8y^2 + 4y - 12$
$\quad = \mathbf{6y^2 + 4y - 12}$
$C = x^2 + y^2 + 75x + y^2 - y + 9x + 5$
$\quad = x^2 + 75x + 9x + y^2 + y^2 - y + 5$
$\quad = \mathbf{x^2 + 84x + 2y^2 - y + 5}$

b) $A = 12 \times 45^3 + 7 \times 45^2 - 5 \times 45$
$\qquad = \mathbf{1\ 107\ 450}$
$B = 6 \times 10^2 + 4 \times 10 - 12$
$\quad = \mathbf{628}$
$C = 45^2 + 84 \times 45 + 2 \times 10^2 - 10 + 5$
$\quad = \mathbf{6\ 000}$

c) Jean doit choisir le **panneau C**.

DÉFI VACANCES

L'électricité produite correspond à :

$3 \times f(10) + \mathbf{5 \times} f(60) + \mathbf{2 \times f(10)}$ soit par conséquent **16 500** Wh.

Puisque $3 \times f(10) + 5 \times f(60) + 2 \times f(10)$

$= 3 \times 10(100 - 10) + 5 \times 60(100 - 60) + 2 \times 10(100 - 10)$

$= 3 \times 10 \times 90 + 5 \times 60 \times 40 + 2 \times 10 \times 90$

$= 2\,700 + 12\,000 + 1\,800 = 16\,500.$

Anglais   **Street Basketball** ➡ **p. 30**

1 **a)** "You mustn't [...] physically contact an official" (l. 23-24).
b) "Streetball is [...] a way for young people [...] to avoid problems such as juvenile crime and drugs" (l. 1-4).
c) "You mustn't hold on to the rim or the net for too long while on offense or you will receive a technical foul and a $500 fine" (l. 17-19).

2 **a)** You **should** cross the playground in less than 8 seconds. **Conseil**
b) You **mustn't** push another player. **Interdiction**
c) You **can** stay in the free throw lane for 2 seconds. **Possibilité**
d) You **must** try to score in 24 seconds. **Obligation**

3 **a)** He's very tall and he plays football. He **should** play basketball.
On émet un conseil car sa grande taille lui permettrait peut-être de réussir une carrière dans ce sport. Mustn't *et* can't *ne conviennent pas à la situation car ils expriment une interdiction ou une incapacité (deuxième sens de* can't*).*
b) Look! She's pulling Tina's T-shirt! She **mustn't** do that, it's against the rules.
Il s'agit ici d'une interdiction, puisque tirer sur le T-shirt d'un autre joueur n'est pas permis.
c) You **can't** touch the ball when it is going down from the backboard or air.
Attraper la balle avant qu'elle ait touché le sol lorsqu'elle redescend du panneau est interdit. On utilisera donc can't *pour rendre compte de cette interdiction.* Must *exprime une obligation (ce qui serait faux si on applique les règles de ce sport) et* should *exprime un conseil, ce qui ne conviendrait pas non plus à la situation.*

4 **b)** He **must** dribble while running. *Il s'agit d'une obligation conforme aux règles de ce sport.*
c) He **can't / mustn't** push another player.

d) He **can't / mustn't** disrespect an official or use profanity.
e) You **can't / mustn't** start a fight.
Le choix d'un modal dépendra du point de vue de la personne qui parle : can't *et* mustn't *s'utiliseront pour exprimer une interdiction alors que* shouldn't *sera plus approprié si le locuteur souhaite donner un conseil.*

Histoire   **La Révolution française : l'abolition des privilèges** ➡ **p. 32**

1 Le laboureur raconte que des milliers de brigands engagés par le frère du roi (Artois) vont venir ravager les campagnes pour lutter contre la Révolution. Il s'agit d'une fausse rumeur qui va se répandre dans tout le pays. C'est la Grande Peur.

2 Les paysans réagissent en attaquant les châteaux et en refusant de payer les redevances seigneuriales. Ces manifestations sont violentes et le lieutenant parle de « haine ».

3 Le 4 aout 1789 marque la fin de la société d'Ancien Régime car l'Assemblée nationale abolit les privilèges du clergé et de la noblesse qui en étaient le fondement. Désormais, tous les citoyens sont égaux devant l'impôt et des réformes profondes sont engagées.

SVT   **Les séismes** ➡ **p. 33**

1 Dans les chaines de montagnes, dans l'axe des dorsales océaniques, à l'aplomb des fosses océaniques.

2 Plus tu t'éloignes du point d'impact en suivant des cercles concentriques, moins les sucres tombent (donc moins les dégâts sont importants).

Bilan   ➡ **p. 34**

1 b. **2** a. **3** b. **4** b. **5** a. **6** c. **7** b. **8** a. et b. **9** c.

10 can't ou mustn't **11** should **12** must **13** Pour sauver la nouvelle Assemblée nationale, le peuple de Paris se révolte le 14 juillet 1789 en prenant la forteresse de la Bastille, symbole de l'absolutisme. Au même moment, les paysans, émus par une fausse rumeur de contre-révolution, attaquent les propriétaires, brulent les registres qui établissent les droits seigneuriaux : c'est la Grande Peur. Pour rétablir le calme, l'Assemblée vote l'abolition des privilèges. **14** Le point de la surface terrestre où arrivent les premières ondes d'un séisme.

Teste-toi ➡ p. 35

1 c. **2** a. **3** d. **4** b. **5** a. **6** c. **7** b. **8** c. **9** b.

Français Incompréhensions ➡ p. 36

1 **1. a)** Les deux personnages du texte sont **Julien et sa petite amie**, prénommée Anaïs dans le roman.
b) Les expressions **« passer le bras autour de sa taille »** (l. 7) et **« effleurer sa main »** (l. 25) l'indiquent. La tension entre les deux personnages, la discrétion dont ils doivent faire preuve (l. 8), et le fait que Julien doive attendre un moment particulier pour que son amie l'appelle « discrètement » (l. 16) sont d'autres indices de cette relation.

2 Le motif de la dispute, visiblement récurrente (« Cette discussion, ils l'ont déjà eue cent fois », l. 14) est que, selon Anaïs, Julien s'intéresse trop **à la natation** : « Tu passes trop de temps à nager » (l. 12).

3 Les compléments d'objet des lignes 1 à 9 sont les suivants :
– **noms communs** : « sept » (l. 1, COD du verbe *avoir*), « les épaules » (l. 6, COD du verbe *hausser*), « raison » (l. 6, COD du verbe *avoir*), « le bras » (l. 7, COD du verbe *passer*), « le droit » (l. 8, COD du verbe *avoir*) ;
– **pronoms** : « le » (l. 3) dans l'expression « le heurte », « la » (l. 7) dans l'expression « la serrer », « rien » (l. 9, COD du verbe *faire*) ;
– **verbe à l'infinitif** : « se défendre » (l. 4, COD du verbe *savoir*) ;
– **proposition subordonnée** : « qu'il n'a pas le droit » (l. 8, COD du verbe *savoir*).

4 **a)** **y** est **COI** du verbe *croire* (on dit « croire à quelque chose ») ; il remplace l'excuse qu'a trouvée Julien, « J'étais pas très bien... ».
b) **l'** est **COD** du verbe *avoir* (on dit « avoir quelque chose ») ; il remplace le groupe nominal **« cette discussion »**. On remarquera que dans cette phrase, le participe passé du verbe *avoir* s'accorde avec le COD, au féminin singulier.
c) **l'** est **COD** du verbe *appeler* (on dit « appeler quelqu'un ») ; il remplace **Julien**, le narrateur.
d) **le** est **COD** du verbe *savoir* (on dit « savoir quelque chose ») ; il remplace la phrase qui suit : **« il en faudrait plus pour l'amadouer »**.
e) **la** est **COD** du verbe *retirer* (on dit « retirer quelque chose ») ; il remplace **« sa main »**.

5 Sont attributs les adjectifs :
– **bien** (l. 5), attribut du sujet « J' » ; le verbe d'état est « être » ;
– **désolé** (l. 21) et **impuissant** (l. 22), attributs du sujet « il » ; le verbe d'état commun aux deux adjectifs est « se sentir » ;
– **mauvaises** (l. 29), attribut du sujet « elles » ; le verbe d'état (dont le sujet est inversé à cause de l'adverbe « peut-être ») est « être ».
Fonctions des autres adjectifs :
– désireux (l. 10) : épithète du pronom « il » ;
– avachi (l. 22) : épithète du GN « son père » ;
– appliqué (l. 26) : épithète du GN « un air » ;
– atroce (l. 33) : épithète du GN « Quelle image ».

6 **Elle** le sait, il en faudrait plus pour l'amadouer. **Elle** se sent désolé**e**, impuissant**e**. Aussi impuissant**e** que devant **sa mère** avachie dans le fauteuil, qui regarde un match dont **elle** n'arrive même pas à retenir les scores.

Maths Géométrie au palais ➡ p. 38

1 **a)** Non, Lou a tort : la translation qui transforme le motif 1 en motif 4 envoie le motif 5 sur le motif 8 et non sur le motif 15. En effet, lorsqu'on trace une flèche du motif 1 au motif 4, et qu'on trace cette même flèche parallèle (même longueur, même sens) à partir du motif 5, elle aboutit au motif 8 et non au motif 15.
b) → 23 → 23 → 1

2 **a)** C'est la flèche rouge car deux points se correspondant sur le motif et son image doivent être joignables par la flèche.
b) La translation suivant la flèche verte permet d'envoyer le motif 3 sur le motif 2, et celle suivant la flèche orange permet d'envoyer le motif 3 sur le motif 1.

c) Les motifs 1 et 4, tels qu'ils sont détourés, ne le sont pas de la même façon et ne sont donc pas superposables : il n'existe donc aucune translation permettant de passer de l'un à l'autre.

DÉFI VACANCES

Oui, on peut faire mieux que Lou, qui a réussi à reproduire 6 motifs en appliquant au motif de base 2 fois la translation bleue et 4 fois la translation rouge.
On peut en effet appliquer la translation rouge aux motifs obtenus par la translation bleue, et créer ainsi 6 motifs supplémentaires comme sur le dessin ci-dessus. Ainsi, on peut reproduire au maximum 12 motifs dans le cadre rectangulaire.

Anglais The Dangers of Computer Games ➡ p. 40

1 **Violence and Aggressiveness in Video Games.**
Dans le texte, il s'agit de mettre les amateurs de jeux vidéo en garde contre les dangers de ce passe-temps qui peut causer de graves problèmes chez des adolescents fragiles.

2 c = 1 ; d = 2 ; b = 3 ; a = 4 ; f = 5 ; e = 6.

3 **a)** Tom is **more addicted** to video games **than** his brother. Addicted *est un adjectif long.*
b) Today's games are **more violent than** before. Violent *est un adjectif long, il se prononce avec trois syllabes (vi-o-lent).*
c) In the 1980s, arcade games were **easier than** today. Easy *est un adjectif court. Le -y de easy se transforme en -i.*

d) Some games are **more dangerous** to teenagers **than** their parents think. Dangerous *est un adjectif long.*

4 a) *Fortnite* is **the most fashionable** online game at the moment.
b) Virtual reality games are **the funniest** games.
Attention ! Le -y de funny se transforme en -i.
c) The worst video games are those which make teenagers addicted. The worst *est le superlatif irrégulier de* bad.

5 a) *Ted n'a pas acheté le jeu d'action : on peut barrer* action *dans la case correspondante.*

Ted	simulation	~~16 €~~
	action	20 €
	sport	30 €

b) *Le jeu d'action coute donc 30 €. Kate a acheté un jeu à 16 €, et on sait par l'affirmation a. que Ted n'aime pas les jeux d'action : c'est forcément Elliot qui a acheté le jeu d'action à 30 €. Et Ted n'a acheté ni le jeu à 16 €, ni le jeu à 30 € : il faut donc entourer 20 €.*

	Game	Price
Kate	simulation	16 €
	~~action~~	~~20 €~~
	sport	~~30 €~~
Ted	simulation	~~16 €~~
	~~action~~	**20 €**
	sport	~~30 €~~
Elliot	**simulation**	~~16 €~~
	action	20 €
	sport	**30 €**

c) *On sait que Kate a acheté le jeu à 16 €, le moins cher : c'est donc forcément le jeu de sport. Par déduction, c'est Ted qui a acheté le jeu de simulation à 20 €.*

	Game	Price
Kate	**simulation**	16 €
	action	~~20 €~~
	sport	~~30 €~~
Ted	**simulation**	16 €
	action	20 €
	sport	~~30 €~~
Elliot	simulation	~~16 €~~
	action	**20 €**
	sport	30 €

Résultat :

	Game	Price
Kate	sport	16 €
Ted	simulation	20 €
Elliot	action	30 €

Géographie Les grandes villes mondiales p. 42

1 Plus de 50 % de la population mondiale vit en ville. Selon la Banque mondiale, c'est en 2007 que, pour la première fois dans l'histoire de l'humanité, la population urbaine a dépassé en nombre la population des campagnes.

2 Une métropole concentre à la fois une forte densité de population et des fonctions de commandement. Elle n'est pas nécessairement la capitale. Par exemple, Washington est la capitale des États-Unis alors que New York est la plus grande métropole du pays.

3 Une ville mondiale détient un pouvoir financier, économique, intellectuel et culturel. Elle peut également avoir un pouvoir politique en tant que capitale.

4 Au premier plan, sur les quais, se trouvent des conteneurs devant des entrepôts. Derrière eux, on aperçoit des grues. En arrière-plan se dessinent des gratte-ciels. Le port de Shanghai est très dynamique.

Physique-Chimie Les constituants d'un mélange p. 43

1 Le jus d'orange est constitué du jus et de la pulpe : c'est un mélange.
L'eau pétillante est constituée d'eau, de dioxyde de carbone dissous dans l'eau, et d'autres constituants dont le nom apparait sur l'étiquette : c'est un mélange.
La boisson à la menthe est constituée d'eau et de sirop de menthe : c'est un mélange.

2 On peut réaliser une décantation ou une filtration. On peut aussi les réaliser successivement pour éliminer par décantation le maximum de la pulpe et terminer par une filtration qui éliminera la pulpe restante.

3 Une boisson pétillante s'obtient en dissolvant dans le liquide un gaz, le dioxyde de carbone.

4 L'eau minérale est constituée d'eau et d'autres constituants dont le nom apparait sur l'étiquette : c'est un mélange.

Bilan p. 44

1 b. **2** a. **3** a. **4** a. **5** b.

6

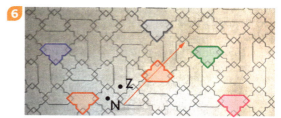

a) motif en rose. **b)** motif en rouge. **c)** motif en noir.

7 *more violent than* **8** *the funniest* **9** *better than*

10 Paris est une ville mondiale car elle détient un pouvoir économique et financier et connait un rayonnement culturel (universités, centres de recherches, siège de l'UNESCO...) et touristique. **11** Les deux méthodes pour séparer les matières solides des liquides sont la décantation et la filtration. Pour décanter, on laisse reposer le mélange. Les matières solides, plus lourdes, tombent au fond du récipient. On recueille le liquide placé au-dessus. Pour effectuer une filtration, on fait passer le liquide qui contient des matières solides en suspension à travers un papier filtre qui retient ces matières solides et on recueille le liquide. Le liquide obtenu est limpide. Un liquide limpide peut contenir des substances solides ou liquides dissoutes : c'est alors un mélange (exemple : l'eau).

Teste-toi → p. 45

1 a ; **2** c ; **3** b. **4** c. **5** c. **6** a. **7** c. **8** b, d, e, f et g.
9 La puberté.

Français « Énigme » → p. 46

1 Le poème comprend :
– **4** strophes ;
– **14** vers ;
– **5** rimes différentes : en *-eau* (« eau », « beau », « peau », « flambeau »), en *-ange* (« louange », « ange », « change », « range »), en *-er* (« sers », « concerts »), en *-ime* (« s'escrime », « anime ») et en *-ort* (« effort », « mort ») ;
– **12** syllabes par vers : on appelle ces vers des **alexandrins**.

2 Les lieux dans lesquels on trouve le « Je » et qui permettent de deviner de qui il s'agit sont :
– « sur la terre et sous terre, et sur l'eau », v. 1 (qui fait référence au sens propre de la solution de l'énigme) ;
– « au cœur de ceux qui cherchent la louange », v. 2 (qui fait référence au sens figuré de la solution de l'énigme) ;
– « à la braise », v. 7 (donc près des feux) ;
– « dans les airs » et « le piège où l'on me range », v. 8 (références probables à des voiles ou aux ailes d'un moulin…).

3 a) Le « Je » de l'énigme peut :
– **cuire du pain** (v. 9) car il permet d'entretenir le feu ;
– **déclarer la guerre** (v. 10) car on l'annonce au son des clairons ;
– **jouer de la musique** (v. 10) car il fait fonctionner les instruments à vent ;
– **entretenir un feu de bois** en soufflant dessus (v. 13 et 14) ;
– **renverser des arbres** par la force des tempêtes par exemple (v. 13).
b) Le point commun de toutes ces actions est le **souffle**.

4 Le « je » de l'énigme est donc le **vent**, pris au sens propre (de la brise dans la nature à la tempête, au souffle des hommes sur le feu ou dans les instruments de musique) et au sens figuré (au vers 2, ce vent est synonyme de prétention, de vanité, et au vers 4, on reconnaît l'allégorie des anges qui soufflent, qui symbolisent le vent dans certains tableaux).

5 Le présent dans le poème est un présent de **vérité générale** puisque l'auteur évoque des caractéristiques du vent qu'il présente comme toujours vraies.

6 a) 1. Tous les étés, il se ren**d** en Corse. (Verbe « se rendre ».)
2. Regarde par la fenêtre, le soleil brill**e**. (Verbe « briller ».)
3. Au moment où Benjamin pousse la porte, un énorme chien surg**it** de nulle part. (Verbe « surgir ».)
4. Je te retrouv**e** dans une heure. (Verbe « retrouver ».)
b) Phrase 1 : **habitude**.
Phrase 2 : **énonciation**.
Phrase 3 : **narration.**
Phrase 4 : **futur proche.**

7 V. 1 : Je <u>suis</u> sur la terre et sous terre, et sur l'eau.
V. 4 : Que quand on me <u>veut</u> peindre, on me <u>peint</u> comme un ange.
V. 8 : Et l'on <u>tend</u> dans les airs le piège où l'on me <u>range</u>.
V. 9 : À faire avoir du pain utilement je <u>sers</u>.

	Tu	Il	Ils
1	es	est	sont
4	veu**x**	veu**t**	veul**ent**
	pein**s**	pein**t**	peign**ent**
8	tend**s**	ten**d**	tend**ent**
	rang**es**	rang**e**	rang**ent**
9	ser**s**	ser**t**	serv**ent**

8 « Je respire sans vie, et **ils** me **croient** si beau / Que quand **ils** me **veulent** peindre, **ils** me **peignent** comme un ange ».

Maths En piste l'artiste ! → p. 48

1 a) $A = \dfrac{\frac{5}{10}}{\frac{20}{8}} = \dfrac{5}{10} \times \dfrac{8}{20} = \dfrac{\cancel{5} \times \cancel{2} \times \cancel{4}}{\cancel{2} \times 5 \times \cancel{4} \times \cancel{5}} = \dfrac{1}{5}$

$B = \dfrac{\frac{8}{5}}{\frac{10}{20}} = \dfrac{8}{5} \times \dfrac{20}{10} = \dfrac{8 \times 2 \times \cancel{10}}{5 \times \cancel{10}} = \dfrac{16}{5}$

$C = \dfrac{\frac{20}{10}}{\frac{5}{8}} = \dfrac{20}{10} \times \dfrac{8}{5} = \dfrac{20 \times 8}{10 \times 5} = \dfrac{2 \times \cancel{10} \times 8}{\cancel{10} \times 5} = \dfrac{16}{5}$

$D = \dfrac{\frac{10}{20}}{\frac{8}{5}} = \dfrac{10}{20} \times \dfrac{5}{8} = \dfrac{10 \times 5}{20 \times 8} = \dfrac{\cancel{10} \times 5}{2 \times \cancel{10} \times 8} = \dfrac{5}{16}$

b)

> Pour montrer que deux nombres sont inverses l'un de l'autre, on peut calculer leur produit et montrer que celui-ci est égal à 1.

1. Vrai. Oui, B et D sont inverses, comme C et D d'ailleurs ($B \times D = 1 = C \times D$).
2. Faux. En revanche, $A \times B \times C \times D = A \times B \times 1$ d'après ci-dessus mais $A \times B = \dfrac{1}{5} \times \dfrac{16}{5} = \dfrac{16}{25} \neq 1$,
donc $A \times B \times C \times D \neq 1$.
c)

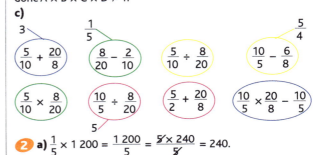

2 a) $\dfrac{1}{5} \times 1\,200 = \dfrac{1\,200}{5} = \dfrac{\cancel{5} \times 240}{\cancel{5}} = 240$.
Il perçoit **240 €** de la troupe C.

b) $\frac{1}{5} + \frac{1}{15} = \frac{3 \times 1}{3 \times 5} + \frac{1}{15} = \frac{3 + 1}{15} = \frac{4}{15}$.

c) On procède comme au **b)**.

$\frac{3}{20} + \frac{7}{40} = \frac{3 \times 2}{20 \times 2} + \frac{7}{40} = \frac{6 + 7}{40} = \frac{13}{40}$.

d) $\frac{4}{15} + \frac{13}{40} = \frac{4 \times 8}{15 \times 8} + \frac{13 \times 3}{40 \times 3} = \frac{32 + 39}{120} = \frac{71}{120}$.

DÉFI VACANCES

$$1 + \cfrac{1}{1 + \cfrac{1}{1 + \cfrac{1}{1 + \cfrac{1}{1}}}} = 1 + \cfrac{1}{1 + \cfrac{1}{1 + \cfrac{1}{1 + 1}}}$$

$$= 1 + \cfrac{1}{1 + \cfrac{1}{1 + \frac{1}{2}}} = 1 + \cfrac{1}{1 + \cfrac{1}{\frac{3}{2}}} = 1 + \cfrac{1}{1 + \frac{2}{3}}$$

$$= 1 + \cfrac{1}{\frac{5}{3}} = 1 + \frac{3}{5} = \frac{8}{5}$$

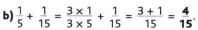

Anglais   Fantasy: a New World of Adventure
➡ p. 50

① **a) He wanted a wonderful story for his children. (l. 2-3)**
b) Fantasy is a genre that uses magic and other supernatural forms as elements in the story (l. 4-5).
La réponse "Fantasy world is a type of imaginary world in our universe." *est fausse, car il ne s'agit pas de la mise en scène d'un monde dans notre univers, mais dans un univers fictif :* "Fantasy world is a type of imaginary world in a fictional universe" (l. 7).
La réponse "The genre associates **today**'s life, society or human nature with their technology." *est fausse car ce genre de littérature associe* "the life, society or human nature of the European Middle Ages with their architecture, dress and technology" (l. 5-7) *et non pas les caractéristiques du monde actuel.*
c) Magicians, trolls, elves, unicorns and dragons.
La réponse Knights, trolls, dragons, unicorns and witches *est fausse car dans le texte, il n'est pas fait mention de sorcières* (witches).
La réponse Fairies, magicians, knights, unicorns and elves *est fausse.* Fairies *sont des fées. Il n'en est pas fait mention dans le texte.*

② **a) Whose ring is it?** It's Bilbo's (ring).
b) Whose wand is it? It's Gandalf's (wand).
c) Whose castle is it? It's the elves' (castle).

③

a) They are **Bilbo's grandparents**.
b) He is **Bilbo's uncle**.
c) She is **Bungo's mother**.

Histoire   Du Consulat à l'Empire : Napoléon Bonaparte ➡ p. 52

① La famille est la base de la société dont elle est une sorte de modèle réduit. On doit y apprendre des valeurs similaires à celles de l'État et elle est dirigée par un chef, le père, qui a tous les pouvoirs comme le Premier consul, Bonaparte, les a dans la société. Le Code civil précise ainsi que la qualité de « bon citoyen » ne peut provenir que de la qualité de « bon père », « bon fils », etc. La famille est donc la matrice de la société.

② La Banque de France a pour fonction d'émettre la monnaie que Napoléon réforme en supprimant les monnaies dépréciées du Directoire pour en créer une nouvelle : le franc germinal.

③ La Légion d'honneur décore les militaires de valeur mais aussi les citoyens qui ont bien servi la République (le Consulat) et plus tard l'Empire par leurs « talents ».

④ Napoléon a bâti une nouvelle société avec les « masses de granit » : le Code civil qui réunit les nouvelles lois, la Banque de France qui émet la monnaie enfin stabilisée, la Légion d'honneur qui donne une élite fidèle et même une noblesse à l'Empire, les lycées qui fournissent des serviteurs à la France nouvelle.

SVT   Devenir apte à se reproduire ➡ p. 53

① C'est une période difficile car ton corps change, tes relations avec les autres aussi.

② **Chez la femme :** a. Puberté, b. Ménopause, c. Cyclique, d. 1 ovule par mois, e. Pavillon – trompe de l'utérus – utérus, f. Vagin. **Chez l'homme :** a. Puberté, b. Fin de vie, c. Continu, d. 200 millions de spermatozoïdes par jour, e. Spermiducte – urètre – orifice urogénital, f. Pénis.

③ C'est pendant la puberté qu'il y a une accélération importante de la croissance de l'adolescent(e) : il/elle grandit de 15 à 30 cm en 2-3 ans.

Bilan   ➡ p. 54

① b. **②** a. **③** a. **④** a. **⑤** b. **⑥** $\frac{10}{21}$; $\frac{11}{15}$; $\frac{19}{15}$; $\frac{-6}{7}$

⑦ The children's toys **⑧** *The door of the house* **⑨** *Whose book is this?* **⑩** Après dix années de bouleversements révolutionnaires, Bonaparte rétablit l'ordre en France en fondant un régime autoritaire, le Consulat, puis despotique, l'Empire. Le gouvernement est centralisé, la police surveille tout le monde, la censure encadre la culture. Le Premier consul jette les bases d'une nouvelle société avec les « masses de granit » qui rebâtissent tous les secteurs du pays : économie, droit, justice, société. L'Empire poursuit cette œuvre de modernisation mais l'oriente dans un sens de plus en plus autoritaire.
⑪ Une cellule reproductrice (spermatozoïde chez l'homme, ovule chez la femme).

SÉQUENCE ❻ ➡ p. 55 à 64

Teste-toi ➡ p. 55

1 b et c ; **2** b ; **3** b. **4** Il annonça qu'il allait recevoir ses amis le lendemain. **5** b. **6** a. **7** c. **8** b. **9** c.

10 On court-circuite une lampe si l'on relie ses bornes par un bon conducteur : elle s'éteint alors. Les bornes de deux lampes en dérivation sont reliées, donc la lampe L_2 est aussi court-circuitée et s'éteint. Un court-circuit peut entrainer un échauffement des conducteurs dans le reste du circuit et provoquer un incendie.

Français **Mère et fille** ➡ p. 56

1 **a)** Le narrateur dit « Je » dans ce texte (narrateur interne). Il s'agit donc de **Rachel**, comme l'indique la ligne 6 où la mère s'adresse à sa fille en employant l'apostrophe « Rachel ».
b) Il est question d'**Adrian**, qui est, comme on l'apprend ligne 6, un ami de Rachel.

2 Rachel est triste **à cause du départ d'Adrian** pour qui elle semble éprouver des sentiments amoureux. On peut le voir à sa réaction, ligne 4, lorsque sa mère évoque leur séparation forcée (« Je ne peux cacher ma tristesse ») ou, lignes 19-20, à son attachement au vêtement qui représente tout ce qu'il lui reste concrètement de son ami.

3 **a)** Elle demanda s'**ils avaient** bien **fêté** le départ d'Adrian. (Le passé composé devient du plus-que-parfait.)
b) Je lui dis / demandai de **ne pas le laver**. (Le présent de l'impératif devient un infinitif.)
c) Elle me dit que des Adrian, **j'en trouverais** d'autres. (Le futur simple devient du conditionnel.)

4 **a)** – **Viendras**-tu cet été ? lui demanda-**t-il**. (Le conditionnel devient au discours direct un futur.)
b) – **Il a été retenu / J'ai été retenu** par une tempête, **répondit le directeur**. (Le plus-que-parfait passif devient du passé composé passif au discours direct.)

5 – Venir : viens – venons – venez.
– En acheter : achètes-en – achetons-en – achetez-en.
– Y aller : vas-y – allons-y – allez-y.
– S'assoir : assieds-toi – asseyons-nous – asseyez-vous.

6 **a)** « **Tu fais** tout ce que **tu peux** pour éviter de voir ce qui se passe en moi. »
b) « **Elle sait** ce que **je veux** dire, mais **elle** ne **veut** pas l'entendre. »

Maths **À la recherche du trésor perdu** ➡ p. 58

1 **a)**

U \ D	0	1	2	3	4	5
0	1	0,985	**0,940**	**0,866**	**0,766**	0,643
1	1	0,982	**0,934**	**0,857**	**0,755**	**0,629**

U \ D	0	1	2	3	4	5
2	0,999	0,978	**0,927**	**0,848**	**0,743**	0,616
3	0,999	0,974	**0,921**	**0,839**	**0,731**	0,602

b)

Angle en °	09,12	05,14	01,20	08,01
Cosinus	0,987 36	0,995 98	0,999 78	0,990 24

c)

09	12	05	14	01	20	08	01
I	L	E	N	A	T	H	A

Le nom de l'ile est **ILE NATHA**.

2 Les deux erreurs de Laurian sont les suivantes :
– la proposition b) : le côté adjacent à l'angle $\widehat{RTS}$ est [ST] et non [RS] ;
– la proposition e) : la vraie égalité serait $RT = \dfrac{ST}{\cos \widehat{RTS}}$.

3 **a)** On a $\cos \widehat{DEA} = \dfrac{DE}{EA} = \dfrac{553}{708} \approx 0{,}781$, d'où $\widehat{DEA} \approx 38{,}6°$.

Ainsi $\widehat{DAE} = 90 - \widehat{DEA}$ et $\widehat{DAE} \approx 51{,}4°$.

Enfin, $\cos \widehat{DAE} = \dfrac{DA}{AE}$

donc $DA = AE \times \cos \widehat{DAE} \approx 708 \times \cos 51{,}4° \approx 442$, soit **AD ≈ 442 km**.

b) On a $\cos \widehat{FEB} = \dfrac{EF}{BE}$,

donc $BE \times \cos \widehat{FEB} = EF \times 1$,

d'où $BE = \dfrac{EF}{\cos \widehat{FEB}}$,

soit $BE = \dfrac{132}{\cos 55°} \approx 230$, soit **BE ≈ 230 km**.

Ensuite $\widehat{EBF} = 90 - \widehat{BEF} = 35°$ et $\cos \widehat{EBF} = \dfrac{FB}{BE}$,

d'où $FB = BE \times \cos \widehat{EBF} \approx 230 \times \cos 35° \approx 188$, soit **FB ≈ 188 km**.

DÉFI VACANCES

Notons C l'entrée de la caverne et F le point commun au torrent et à la falaise à la verticale de C.

Le triangle FAC est alors rectangle en F.

On a $\cos \widehat{FAC} = \dfrac{AF}{AC}$, $AC = \dfrac{8}{\cos 38°} \approx 10{,}15$.

L'échelle de 10 m est donc trop courte pour s'appuyer sur l'entrée de la caverne en A, mais la faible longueur manquante n'a pas dû les empêcher d'appuyer l'échelle juste en dessous de A, leur donnant l'accès à la caverne et leur permettant de ramener le trésor... qui sait ?

Anglais Teenage Fashion ➡ p. 60

1 **a) Right**: "In 1977 the popularity of movies created popular looks" (l. 8-9).
b) Right: "Most teenagers have already been to flea markets to buy second-hand things to add an artistic touch to their clothes" (l. 17-19).
c) Wrong: "The **1960s** also saw the hippie look for both men and women" (l. 4-5).
d) Wrong: "Since the 1980s, they've experimented with **colours**, **shapes** and **designs**". (l. 15-16).
e) Wrong: "*Star Wars* encouraged the wearing of **capes and flat boots**" (l. 11-12).

2 **a)** <u>For a few decades</u>, London teenagers **have looked for** eccentric clothes.
b) <u>For years</u>, movies **have influenced** fashion. That's not going to change any time soon.
c) <u>In the 1970s</u>, teenagers **loved** jeans and leather jackets.
d) <u>Since the 1960s</u>, teenagers **have bought** a lot of Dr. Martens shoes.
e) <u>When</u> the Beatles **went** to the USA <u>in 1964</u>, US fashion changed.

3

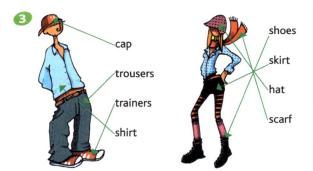

cap
trousers
trainers
shirt
shoes
skirt
hat
scarf

4 *Tu pouvais répondre par oui ou par non dans cet exercice. Les deux réponses sont proposées dans le corrigé.*
a) Yes, I have already bought green trainers.
No, I have never bought green trainers.
b) Yes, I have already looked for eccentric clothes in a flea market.
No, I have never looked for eccentric clothes in a flea market before.
c) Yes, I have decided to wear jeans since I'm 15.
No, I haven't decided to wear jeans since I'm 15.

Géographie Les États-Unis dans la mondialisation ➡ p. 62

1 Les États-Unis sont la première puissance économique mondiale car ils produisent 30 % de la richesse mondiale. De plus, le dollar est la principale monnaie de paiement dans le monde.

2 Les grandes métropoles américaines (New York, Los Angeles, Atlanta, Chicago, etc.) et les littoraux concentrent les activités économiques.

3 Les usines Nike sont majoritairement installées en Asie, en Amérique centrale et en Amérique du Sud.

4 Il n'y a plus aucune usine Nike aux États-Unis. Cela peut s'expliquer par les hauts salaires comparés à ceux de pays asiatiques et sud-américains. Le choix de ces régions répond à une exigence de profits élevés.

Physique-Chimie Intensité et tension ➡ p. 63

1 À la maison, si un appareil ou une lampe est en panne, les autres fonctionnent toujours : les appareils sont donc montés en dérivation (doc.). La tension du secteur est de 230 V : les appareils et les lampes de la maison doivent avoir une tension nominale de 230 V.

2 En cas de court-circuit ou de surintensité, le disjoncteur se déclenche et ouvre le circuit dans lequel il est placé.

3 C'est un montage en série :
– l'intensité du courant est la même dans les 2 lampes : $I_1 = I_2 = 0,5\,A$
– les tensions s'additionnent : $U = U_1 + U_2$ et $U_2 = U - U_1$ soit $U_2 = 230 - 110 = 120\,V$

4 L'intensité mesurée par A est égale à la somme des intensités mesurées par A_1 et A_2 :

Intensité	dans A	dans A_1	dans A_2
Léa	0,360 A	**0,140 A**	0,220 A
Zinedine	**365 mA**	85 mA	0,280 A

Bilan ➡ p. 64

1 a. **2** b. **3** c. **4** b. **5** a. **6** $\cos \widehat{DAC} = \dfrac{AC}{AD}$: Faux ;
$\cos \widehat{BAC} = \dfrac{AB}{AC}$: Vrai ; AD = 4 cm : Vrai. **7** b. **8** *have suffered*.
9 *ago* **10** *Since* **11** Les métropoles américaines sont ouvertes sur le monde et concentrent les hommes et les pôles de décisions économiques et politiques. Cela crée de nouvelles dynamiques dans le territoire américain : le littoral nord-est, la Sun Belt (sud) profitent de leur intégration dans la mondialisation. En revanche, l'intérieur du pays est plus en marge et donc moins dynamique. **12** Les tensions aux bornes des 2 lampes montées en série s'ajoutent : $U = U_1 + U_2$ donc $U = 115 + 115 = 230\,V$.

Teste-toi → p. 65

1 b ; **2** b ; **3** joyeuse – vive – rousse – favorite. **4** franc, faux, laïc, jumeau **5** b. **6** a. **7** c. **8** b. **9** b. **10** La fécondation.

Français **Inquiétants corbeaux** → p. 66

1 Ce sont les oppositions de **teintes** (le noir des corbeaux contraste avec le blanc des humains, qu'il s'agisse des visages, des cheveux ou des vêtements) et de **place dans l'image** (les corbeaux occupent le haut, les enfants et la femme – leur institutrice – le bas, ce qui crée un sentiment de domination) qui sont particulièrement frappantes dans cette image. Grâce à elles, la menace que représentent les corbeaux est encore plus forte et dramatique.

2 **La course des enfants** qui tentent de fuir la menace des oiseaux, leur **expression** de détresse et d'horreur et la **position** dominante **des corbeaux** contribuent à rendre la scène effrayante.

3 **a)** Nous avons finalement opté pour une ⬚voiture⬚ décapotable. « voiture », féminin singulier.
b) ⬚Elle⬚ en est **ravie**. « Elle », féminin singulier.
c) Tu les as trouvés, ⬚tes verres et tes tasses⬚ **verts**. « tasses » et « verres », accord au masculin pluriel du fait de l'association d'un nom féminin et d'un nom masculin. Le participe passé « trouvés » s'accorde avec ce groupe nominal, remplacé par « les », COD placé avant le verbe.
d) Ce sont vraiment ⬚une femme et un homme⬚ **heureux**. Accord au masculin pluriel du fait de la présence d'un nom masculin et d'un nom féminin.

4 Les adjectifs féminins sont les suivants :
fluette   **gre**cque
aigüe   **solenne**lle
fraiche   **enti**ère
fidèle   **secr**ète

5 – une jupe blan**che** (simple accord avec le nom)
– des pulls **bleu clair** (adjectif composé : pas d'accord)
– des oiseaux rouge**s** (simple accord avec le nom)
– des voitures **vert pomme** (adjectif composé : pas d'accord)
– des fillettes blond**es** (simple accord avec le nom)
– des chevelures **noir corbeau** (adjectif composé : pas d'accord)
– des fleurs rose**s** (simple accord avec le nom)
– des murs **ivoire** (adjectif de couleur issu d'un nom commun, l'ivoire, donc pas d'accord)

6 **a)** Il est reparti enchant**é**.
L'adjectif « enchanté » s'accorde avec le pronom masculin singulier « il ».
b) Il a insisté pour entr**er**.
Le verbe « entrer » est à l'infinitif puisqu'il est employé après une préposition.

c) Nos amis, terrifi**és**, ont préféré quitt**er** la pièce.
L'adjectif « terrifiés » est épithète ; il s'accorde donc avec le GN « nos amis ».
Le verbe « quitter » est à l'infinitif car il est employé après un autre verbe, « préférer ».

7 Les fenêtres **ouvertes** donnaient sur une mer **déchaînée**, où l'on pouvait distinguer des vaisseaux **secoués** par des vagues **impressionnantes** et un vent si **puissant** qu'il balayait tout sur son passage.

Maths **Jeux de hasard** → p. 68

1 **a)** Il y a 4 entiers pairs entre 1 et 8 donc
p (obtenir un nombre pair) $= \dfrac{4}{8} = \dfrac{1}{2}$
Sur 100 lancers, on a donc, en théorie, 50 fois un entier pair.
b) • Mettre **k** = 1000 dans le bloc **Répéter jusqu'à**.
• Mettre **k** = 500 dans le bloc **Répéter jusqu'à** et remplacer 8 par 20 dans le bloc « **nombre aléatoire entre** 1 **et** 8 ».
• Remplacer 2 par 3 dans le bloc « **modulo** 2 ».
• Remplacer le bloc `dire` `compteur` par le bloc :

`dire` `regroupe` `compteur` / `k` `%`

• Mettre **k** = 400 dans le bloc **Répéter jusqu'à**, et remplacer le bloc vert dans le bloc **Si** par le bloc

`nombre aléatoire entre` `1` `et` `12` `>` `6` et enfin remplacer **k** dans le bloc `dire` `compteur` par le bloc : `dire` `regroupe` `compteur` / `k` `%` .

2 **a)**

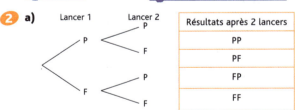

	Lancer 1	Lancer 2	Résultats après 2 lancers
	P	P	PP
		F	PF
	F	P	FP
		F	FF

b) p(obtenir 2 fois Face) $= p(\text{FF}) = \dfrac{1}{4}$.
c) p(obtenir au moins une fois Face) $= p(\text{PF}) + p(\text{FP}) + p(\text{FF})$
$= \dfrac{1}{4} + \dfrac{1}{4} + \dfrac{1}{4} = \dfrac{3}{4}$.

3 **a)** p(obtenir un pion rouge) $= \dfrac{3}{20}$ car il y a en tout 20 pions dont 3 rouges.
b) p(obtenir un pion bleu) $= \dfrac{3}{10}$ car il y a en tout 20 pions dont 6 bleus et que $\dfrac{6}{20} = \dfrac{3}{10}$.
c) p(obtenir un pion jaune ou un pion bleu) $= \dfrac{17}{20}$ car il y a 17 pions qui sont jaunes ou bleus.

DÉFI VACANCES

a)

Dé 1 / Dé 2	1	2	3	4	5	6
1	2	3	4	5	6	7
2	3	4	5	6	7	8
3	4	5	6	7	8	9
4	5	6	7	8	9	10
5	6	7	8	9	10	11
6	7	8	9	10	11	12

b) p(la somme des résultats est 4) = $\dfrac{1}{12}$ car il y a 3 cas favorables sur 36 possibles d'après le tableau et que $\dfrac{3}{36} = \dfrac{1}{12}$.

c) p(la somme des résultats est 7) = $\dfrac{1}{6}$ car il y a 6 cas favorables sur 36 possibles d'après le tableau et que $\dfrac{6}{36} = \dfrac{1}{6}$.

d) p(la somme des résultats est 13) = 0 car il n'est pas possible d'obtenir 13 avec 2 dés à 6 faces, ce qui explique que 13 n'apparait pas comme issue possible dans le tableau.

Anglais Junk Food: Fight Obesity ➜ p. 70

1 **a) Wrong**: The problem is that if you keep on eating junk food, you may become obese. And "if you are overweight, you will have health problems such as diabetes or cancer. Your mortality risk will increase…" (l. 16-18).
b) Right: "In Britain […] more vegetables and fruits are served to pupils" (l. 11-13)
c) Right.
d) Wrong: "However, you may lower your body mass by […] exercising more" (l. 18-19).

2 **a)** "by the year 2230, the entire population of the USA will be dangerously overweight" (l. 2-3).
b) "Headmasters and teachers […] will get rid of all vending machines in schools" (l. 14-15).
c) "you may lower your body mass by eating healthy food and exercising more" (l. 18-19).

3 **a)** You **will** have health problems if you are obese. (futur, certitude)
b) He **may** lower his body mass if he exercises. (possibilité)
c) You **may** eat hamburgers, but not too often. (possibilité)
d) They **will** keep fit if they eat healthy food (futur, certitude)

4 **a) May** I **have** health problems if I eat pizza every day?
b) Will she **be** obese if she eats a lot of salad and other vegetables?

Histoire Les colonies ➜ p. 72

1 L'intérêt économique est de trouver de nouveaux débouchés pour l'industrie française.

2 Exploiter des terres et trouver des matières premières constituent un autre intérêt économique.

3 L'autre motivation de Jules Ferry est de « civiliser » les pays conquis.

4 Il justifie cet objectif par l'idée de «races inférieures» qui donnerait à la France le devoir de les civiliser. Il s'agit là d'une théorie raciste partagée par tous les colonisateurs au XIXᵉ siècle.

5 De nos jours, la France jugerait cette phrase raciste et son auteur serait poursuivi car le racisme est un délit.

SVT Une nouvelle vie qui commence
➜ p. 73

1 L'espèce humaine est vivipare car l'embryon se développe à l'intérieur de l'utérus.

2 Titre : De l'ovulation à la nidation.
1 : ovule, 2 : fécondation, 3 : cellule-œuf, 4 : division, 5 : nidation, 6 : paroi de l'utérus, 7 : spermatozoïdes.

3 **Embryon** : nom donné au futur bébé depuis les premiers stades de son développement jusqu'au 3ᵉ mois.
Fœtus : nom donné au futur bébé à partir du 3ᵉ mois.

4 Les drogues, comme le tabac et l'alcool, et certains médicaments passent à travers le placenta qui est une zone d'échanges entre le sang maternel et le sang fœtal. Le bébé peut naitre prématurément, être dépendant dès la naissance des drogues consommées par sa mère ou présenter des malformations.

Bilan ➜ p. 74

1 b. **2** b. **3** a. **4** a. **5** a.

6 b. **7** c. **8** d. **9** d.

10 Possibilité. **11** Interdiction. **12** Futur.

13 Les Britanniques, les Français, mais aussi les Belges, les Portugais, les Allemands, se lancent à la conquête de colonies en Afrique et en Asie pour affirmer leur puissance sur la scène internationale, mais aussi pour des raisons économiques. Il s'agit de trouver des matières premières et d'offrir des débouchés à l'industrie européenne en plein essor. Enfin, certains Européens, persuadés de vivre dans une civilisation supérieure, se croient investis d'une mission pour éduquer, christianiser des populations vues comme « sauvages ».

14 La cellule-œuf descend dans l'utérus en se divisant et se fixe à la paroi utérine maternelle.

Teste-toi ➡ p. 75

❶ d ; ❷ a ; ❸ d. ❹ a. ❺ c. ❻ c. ❼ a. ❽ c. ❾ Dans un mouvement rectiligne, la trajectoire est une droite. Dans un mouvement circulaire, la trajectoire est un cercle ou un arc de cercle.

Français **Lettre d'espoir** ➡ p. 76

❶ La lettre de Jean est écrite **de Paris**. En effet, sa sœur est venue le rejoindre à Paris (l. 7) d'où elle est repartie (« ton retour de Paris », l. 5). Jean promet ensuite à sa sœur de la rejoindre (l. 15) et ne peut donc que se trouver à l'endroit d'où elle est partie.

❷ La phrase qui indique que Jean et sa sœur sont orphelins est celle où il déclare : **« tu es ma seule famille »** (l. 10).

❸ La sœur de Jean est tombée malade parce qu'**elle a vécu dans des conditions difficiles à Paris**. Elle s'est en effet épuisée en s'occupant de son frère à Paris où elle a passé « quatre mois [...] dans l'humidité et le froid » (l. 6-7), conditions particulièrement éprouvantes.

❹ Pour réconforter sa sœur, Jean **la plaint** (« je sais, [...] les quatre mois [...] ont été pour toi un supplice », l. 6-9) **et lui donne de l'espoir** (« Tu viendras avec nous », l. 14 ; « Je te soignerai », l. 15 ; « Je serai là deux jours après ma lettre », l. 19).

❺ – **Pronoms** de la **1ʳᵉ et de la 2ᵉ personne** : « m' » (l. 3), « je » (l. 4), « tu » (l. 5), « me » (l. 5), « toi » (l. 9), « moi » (l. 11), « nous » (l. 14), « te » (l. 15), « t' » (l. 20).

– **Temps verbaux** :
• **présent** de l'indicatif : « Ils me disent » (l. 5), « Je t'embrasse » (l. 20) ;
• **présent** de l'impératif : « n'oublie pas » (l. 9-10), « Attends-moi » (l. 18) ;
• **passé composé** : « ont averti » (l. 3), « a accordé » (l. 14) ;
• **futur** : « Tu viendras » (l. 14), « Je serai » (l. 19).

– **Indicateurs spatio-temporels** : « depuis deux longs mois » (l. 4), « après-demain » (l. 15), « là » (l. 19), « deux jours après ma lettre » (l. 19).

❻ a) | Ta cousine |, je l'ai **vue** il y a deux jours.
Accord du participe passé avec le COD féminin (« l' ») placé avant le verbe.
b) Il l'aurait volontiers emport**é** tout de suite, | ton tableau |.
Accord du participe passé avec le COD masculin (« l' ») placé avant le verbe.
c) C'est | la commode | **que** je t'ai montr**ée** hier.
Accord du participe passé avec le COD féminin (« que ») placé avant le verbe. « t' » est COI et n'entraine pas d'accord.

❼ a) « passés » s'accorde avec « que », pronom qui remplace « quatre mois », COD masculin pluriel placé avant le verbe.
b) « accordé » ne s'accorde pas avec le COD « un congé » placé après le verbe. « m' », pronom masculin singulier placé avant le verbe, est COI.
c) « eu » s'accorde avec « en », COD neutre d'*avoir*, placé avant le verbe.

❽ a) **Elles** devront bientôt être préparées.
b) Nous **l'**aurions bien accompagn**ée**, mais **tu** connais ta sœur, **elle** a insisté pour y aller seule.
c) **Nous** avons changé **celles** qui avaient grillé pendant la nuit et que **nous** n'avions pas remplacées.

Maths **Solides en boites** ➡ p. 78

❶ a) V(Khéops) = $\dfrac{30^2 \times 12}{3}$ = 900 × 4 = **3 600 m³**.

b) V(Tétraèdre) = $\dfrac{\frac{15 \times 15}{2} \times 13,5}{3}$ = $\dfrac{112,5 \times 13,5}{3}$

= 112,5 × 4,5 = **506,25 m³**.

c) V(cône) = $\dfrac{(\pi \times 6^2) \times 8}{3}$ = $\dfrac{(\pi \times 288)}{3}$ = 96π,

soit environ **302 m³**.

❷ a) 25 cL correspondent à 250 cm³.
Soit c le côté du carré de la base de la pyramide du verre. On a 250 = $\dfrac{c^2 \times 7,5}{3}$, donc 250 × 3 = c^2 × 7,5 et $\dfrac{3 \times 250}{7,5}$ = c^2, soit c^2 = 100 et c = 10.
Le bord du verre en pyramide à base carrée mesure **10 cm**.
b) Soit R le rayon de base d'une flute conique.
On a 250 = $\dfrac{(\pi \times R^2) \times 7,5}{3}$,

soit 250 × 3 = $(\pi \times R^2)$ × 7,5

et R^2 = $\dfrac{750}{(7,5 \times \pi)}$,

donc R^2 = $\dfrac{100}{\pi}$.

Ainsi R = $\sqrt{\dfrac{100}{\pi}}$ ≈ **5,6 cm**.

❸ a) V(glaçon) = $\dfrac{5^2 \times 3,75}{3}$ = 25 × 1,25 = **31,25 cm³**.
b) Le verre contenant 25 cL soit 250 cm³, le glaçon occupe $\dfrac{31,25}{250}$ × 100, soit **12,5 %** du volume du verre.
c) Le volume du glaçon de Line est $\dfrac{8^2 \times 6}{3}$ = **128 cm³**. Le glaçon de Line occupe $\dfrac{128}{250}$ × 100, soit **51,2 %** du volume du verre, ce qui est bien plus proche de la vérité.

DÉFI VACANCES

Le sol (base) a une aire de 30² m² (c'est un carré), soit 900 m². Les murs sont 4 triangles isocèles identiques, de base 30 m et de hauteur $\sqrt{369}$ m (on utilise l'égalité de Pythagore dans un triangle SOH rectangle en O, où S est le sommet de la pyramide, O le centre du carré et H le milieu d'un des côtés du carré, avec ainsi OS = 12 m et OH = 15 m), soit environ 19,2 m. L'aire d'un triangle est donc d'environ $\dfrac{30 \times 19,2}{2}$ soit 288 m².

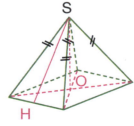

Anglais **The Environment: 21ˢᵗ Century Big Challenge** ➡ **p. 80**

1 **a)** The greenhouse effect is **heat trapped in the Earth's atmosphere** : "Gases like CO_2 and methane are called 'greenhouse gases' because they trap heat in the Earth's atmosphere" (l. 15-16).
b) Climate change is due to **pollution**: "there is more and more pollution" (l. 12)
c) Deforestation is **the destruction of forests** : "But with the deforestation of the rainforests, scientists agree that if we continued to cut down trees on a large scale, we would alter the global climate forever" (l. 9-11).
d) Going green means **caring about the environment** (l. 21-22).
e) The meaning of the three R's is **reuse, recycle, reduce** (l. 22-23).

2 **a)** If people **were** more respectful of the environment, our planet **would become** a nicer place to live.
b) If industries **reduced** CO_2 emissions, people **would feel** better.
c) If men **stopped** cutting down trees, we **would preserve** animal habitats in rainforests.
d) If men **didn't use** pesticides, many useful insects **would continue** to live.

3 **a)** If there were less car pollution, there **wouldn't be** a hole in the ozone layer.
b) If people didn't kill marine animals, they **would preserve** sea life.

4 **a)** If the level of the oceans **rose**, some islands **would disappear**.
b) If people recycled their garbage, the planet **would be** cleaner.
c) If you **cared** more about the environment, you **would go** green.

Géographie **Le tourisme international** ➡ **p. 82**

1 L'Europe est le continent recevant le plus de touristes avec la moitié (5 sur 10) des pays du classement.

2 La France est le 1ᵉʳ pays avec près de 89 millions de touristes en 2018.

3 La Chine est le pays qui a le plus progressé en matière de tourisme. Elle est passée d'environ 2 millions de visiteurs en 1985 à près de 63 millions en 2018.

4 L'enrichissement, la création d'emplois et d'infrastructures sont très positifs mais la pollution, la surconsommation de l'eau, l'augmentation du cout de la vie, les nuisances sonores et la dégradation du milieu naturel posent de réels problèmes.

Physique-Chimie **Le mouvement** ➡ **p. 83**

1 Le mouvement est rectiligne car la trajectoire est une droite. Le mouvement doit être accéléré pour que la fusée décolle.

2 La trajectoire d'un point de la pale est un cercle : le mouvement est circulaire. Si la vitesse du vent est constante, tout point de la pale a une vitesse constante : le mouvement est circulaire uniforme.

3 Lorsque la vitesse du scooter augmente, le mouvement est accéléré ; lorsque la vitesse diminue, le mouvement est décéléré.

4 L'automobiliste parcourt 1 km en 1 min, donc 60 km en 60 min : sa vitesse est 60 km/h.
Il parcourt 15 000 m en 15 × 60 = 900 s
soit 15 000 : 900 = 16, 7 m/s.
Remarque : pour passer des km/h aux m/s, il suffit de diviser par 3,6 et inversement (1 h = 3 600 s).

Bilan ➡ **p. 84**

1 b. **2** b. **3** b. **4** a. **5** a.

6

V(cône) = 144 cm³	Faux
V(pyramide) = 15 cm³	Vrai
V(cône) ≈ 151 cm³	Vrai
V(pyramide) = 15π cm³	Faux
V(cône) = 48π cm³	Vrai
V(cône) = V(pyramide)	Faux

7 *went / would visit.* **8** *would protect / cared.*

9 *spoke / would travel.*

10 Le tourisme est une source de revenus importante pour de nombreux pays. En revanche il peut être source de nuisances, de dégradation des littoraux et d'augmentation du cout de la vie pour les autochtones.

11 **a.** La portion d'autoroute est rectiligne, donc la trajectoire est rectiligne. Le régulateur maintient une vitesse instantanée constante, donc le mouvement est uniforme. Le mouvement est rectiligne uniforme.
b. La vitesse instantanée ou moyenne est :
v = 120 000 : 3 600 ≈ 33,3 m/s avec 120 km = 120 000 m et 1 h = 3 600 s.

Corrigés

SÉQUENCE ⑨ → p. 85 à 94

Teste-toi → p. 85

1 b ; **2** a ; **3** c. **4** a. **5** a. **6** b. **7** b. **8** b. **9** Grâce à la contraception.

Français — Une compagne pour le monstre ?
→ p. 86

1 « l'étincelle » (l. 9) désigne métaphoriquement **la vie** que Frankenstein a donnée à sa créature. Il lui dit en effet qu'il souhaite « éteindre l'étincelle » qu'il lui a communiquée, c'est-à-dire le tuer.

2 Victor **cherche** tout d'abord **à tuer le monstre**. Il se précipite sur lui (« je bondis sur lui », l. 11), mais la créature qu'il a forgée est très grande et agile et parvient sans mal à l'éviter (l. 13).

3 Le monstre, qui souhaite convaincre Victor, emploie successivement trois moyens :
– **il le menace,** lui et sa famille : « j'entasserai les cadavres entre les mâchoires de la mort, jusqu'à ce qu'elle soit rassasiée du sang de ceux des tiens qui vivent encore » (l. 4-6) ;
– **il tente de l'apitoyer** au sujet de son malheur et de sa solitude : « ne suis-je pas seul, misérablement seul ? » (l. 17-18), « les hommes me méprisent et me haïssent » (l. 20) ;
– **il lui rappelle ses devoirs**, puisque Victor est responsable de lui et a donc des obligations envers sa créature : « Fais ton devoir à mon égard » (l. 1).

4 a) Il le menaçait **mais** (*ou* **or**) Victor ne céda pas à sa créature.
b) La créature usa de toutes les ruses **car** elle ne supportait plus la solitude.

5 a) Elle a souhaité **que tu partes / que tu t'en ailles**.
b) Il attend avec impatience **que ce film sorte**.

6 a) « que je vienne » : **PSC**. Elle complète le verbe *vouloir*.
b) « s'il viendra » : **PSII**. La subordonnée est une question indirecte (« Viendra-t-il ? »).
c) « dès que tu seras arrivé » : **PSCir.** de temps.
d) « que tu m'avais offert » : **PSR**. Elle complète le nom *chien*.

7 a) Si tu remplis les conditions $\boxed{\text{que je fixerai}}$, je te laisserai en paix.
La PSR complète l'antécédent « conditions » et est introduite par le pronom relatif « que ».
b) Quel espoir puis-je mettre en tes semblables $\boxed{\text{qui ne me doivent rien}}$?
La PSR complète l'antécédent « semblables » et est introduite par le pronom relatif « qui ».

8 a) vienne. « Vouloir » est toujours suivi du subjonctif.
b) indiquée. *Accord avec le pronom relatif COD* « que » *placé avant le verbe et qui renvoie à* « la place ».
c) caché. *Accord avec le pronom relatif COD* « qu' », *placé avant le verbe et qui renvoie au* « livre ».

Maths — Codes en stock → p. 88

1 $3^4 \times 3^5 = 3^{4+5} = \mathbf{3^9}$; $\dfrac{4^{12}}{4^9} = 4^{12-9} = \mathbf{4^3}$

$\dfrac{10^3}{10^5} = 10^{3-5} = \mathbf{10^{-2}}$; $5^6 \times 5^2 = 5^{6+2} = \mathbf{5^8}$

$7 \times 7 \times 7 \times 7 = \mathbf{7^4}$; $\dfrac{6^7}{6^3} = \mathbf{6^4}$

$\dfrac{2^{11}}{2^9} = \mathbf{2^2}$; $6^0 = \mathbf{1}$

2 a) On a 10 possibilités pour le premier chiffre, puis pour chacune de ces 10 possibilités, on en a encore 10 pour le deuxième chiffre, soit $10 \times 10 = 10^2 = 100$ combinaisons pour les 2 premiers chiffres.
Pour chacune de ces 100 possibilités, on en a encore 10 pour le troisième chiffre, soit 10^3 possibilités pour les 3 premiers chiffres. Ainsi de suite, il existe $\mathbf{10^5}$ **possibilités** pour le code à 5 chiffres.
b) $\dfrac{7^5 \times 3^4 \times 2^3}{7^3 \times 3^2 \times 2^1 \times 7^2} = 7^{5-3-2} \times 3^{4-2} \times 2^{3-1}$.
Or $7^{5-3-2} = 7^0 = 1$, donc le nombre vaut $3^2 \times 2^2$.
Ainsi son cube vaut $(3^2 \times 2^2)^3 = (9 \times 4)^3 = 36^3 = \mathbf{46\ 656}$.

3 a) Mehdi a simplement rangé les nombres facteurs de la puissance de 10 dans l'ordre croissant :
$0,65 < 1,4 < 2,5 < 7 < 100 < 600$
et a ainsi obtenu le code NIHCPO.
b) et c)

	Rayon atomique (en m)	Notation scientifique		Rayon atomique (en m)	Notation scientifique
I	$1,4 \times 10^{-10}$	$\mathbf{1,4 \times 10^{-10}}$	N	$0,65 \times 10^{-9}$	$\mathbf{6,5 \times 10^{-10}}$
C	7×10^{-11}	$\mathbf{7 \times 10^{-11}}$	H	$2,5 \times 10^{-11}$	$\mathbf{2,5 \times 10^{-11}}$
P	100×10^{-12}	$\mathbf{1 \times 10^{-10}}$	O	600×10^{-13}	$\mathbf{6 \times 10^{-11}}$

	Rayon atomique (en m)	Écriture de Mehdi		Rayon atomique (en m)	Écriture de Mehdi
I	$1,4 \times 10^{-10}$	$\mathbf{140 \times 10^{-12}}$	N	$0,65 \times 10^{-9}$	$\mathbf{650 \times 10^{-12}}$
C	7×10^{-11}	$\mathbf{70 \times 10^{-12}}$	H	$2,5 \times 10^{-11}$	$\mathbf{25 \times 10^{-12}}$
P	100×10^{-12}	$\mathbf{100 \times 10^{-12}}$	O	600×10^{-13}	$\mathbf{60 \times 10^{-12}}$

CODE

H	O	C	P	I	N

DÉFI VACANCES

a) parce que $2^{14} = 16\ 384$ et dépasse les 4 chiffres quand $b = 0$, et que $3^9 = 19\ 683$ et dépasse les 4 chiffres quand $a = 0$
b) les 27 possibilités :
si $a = 0$: $b = 7$ ou $b = 8$; si $a = 1$: $b = 6$ ou $b = 7$
si $a = 2$: $b = 6$ ou $b = 7$; si $a = 3$: $b = 5$ ou $b = 6$
si $a = 4$: $b = 4$ ou $b = 5$; si $a = 5$: $b = 4$ ou $b = 5$

si a = 6 : b = 3 ou b = 4
si a = 8 : b = 2 ou b = 3
si a = 10 : b = 0 ou b = 1 ou b = 2
si a = 12 : b = 0

si a = 7 : b = 2 ou b = 3
si a = 9 : b = 1 ou b = 2
si a = 11 : b = 0 ou b = 1
si a = 13 : b = 0

Anglais Animal Testing ➡ p. 90

1 For or Against Animal Testing?
Il s'agit d'un texte informatif qui traite brièvement des trois sujets des premières propositions mais qui s'intéresse surtout à l'opinion des Britanniques sur les expériences pratiquées sur les animaux. Certains sont pour, car ils affirment que c'est un mal nécessaire, et d'autres sont contre (notamment la RSPCA, équivalent, en Grande-Bretagne, de notre SPA), puisque les souffrances qu'endurent les animaux lors des expériences pourraient être évitées si on utilisait d'autres techniques de recherche.

2 *Les mots qui n'ont pas de rapport avec le texte sont :*
pollution, **recycle**, **pets**.

3 a) Suffer: endure pain.

b)  Mammals: vertebrate species that nourish their babies with milk.

c)  Vaccine: a product made to produce immunity to a particular disease.

d)  Disease: a problem that can affect the vital functions of the body.

d)  Experiment: an operation made to test an unknown effect.

4 *Les phrases au passif :*
b) Penicillin **was discovered** by Alexander Fleming.
c) Lots of animals **were killed** in 2004.
e) Animals **are used** to test products such as new cancer drugs.

5 a) In 1885, the first rabies vaccination **was invented** by Louis Pasteur.
b) The Animals Act of 1986 **is considered** to be one of the most rigorous in the world.
c) Many mice **are used** to test drugs because their genes are very similar to those of human beings.
d) Many animals **are killed** for food every year, but many British people **are shocked** by animal testing.

Histoire La classe ouvrière au XIXᵉ siècle
➡ p. 92

1 Les conditions de vie des ouvriers sont très dures : les journées de travail sont longues pour un salaire misérable, sans vacances ni retraite. Les logements sont insalubres et petits.

2 En moyenne la journée de travail d'un enfant est de 13 heures, la semaine compte donc 78 heures de travail, soit plus du double de la semaine actuelle (35 heures).

3 Ils vont à l'école entre midi et treize heures trente. C'est un horaire insuffisant et surtout mal placé car les enfants sont fatigués et affamés donc peu attentifs.

4 Les patrons emploient de jeunes enfants car ils constituent une main d'œuvre bon marché : leur salaire est de 1,5 franc par jour au lieu de 3 à 5 francs pour les adultes, c'est-à-dire deux ou trois fois moins. Les bénéfices des patrons sont donc plus importants.

SVT Reproduction humaine et santé
➡ p. 93

1 Contraception : ensemble de méthodes utilisées pour éviter la procréation.

2 1 : spermicides, 2 : préservatif, 3 : diaphragme, 4 : stérilet, 5 : pilules contraceptives.

3 PMA : Procréation Médicalement Assistée. Les inséminations artificielles, les fécondations *in vitro* sont des techniques de PMA.

4 Ils permettent aussi de se protéger contre les IST, infections sexuellement transmissibles.

Bilan ➡ p. 94

1 *s'il est content de son appartement* (interrogative indirecte). **2** *qui était ouverte* (relative). **3** *que nous avons oublié les clés* (complétive). **4** *dès que tu seras arrivé* (circonstancielle). **5** *qui sont sur le balcon* (relative). **6** b. **7** a. **8** a. **9** c. **10** d.

11 are built. **12** were invited. **13** is suspected. **14** Par son activité, la classe ouvrière a transformé l'économie de la France en diffusant la révolution industrielle. Elle permet alors l'essor des villes, l'enrichissement de la bourgeoisie et plus généralement du pays au prix d'un travail long, pénible, mal payé, sans protection sociale. **15** Pour l'homme : spermatozoïdes anormaux, en nombre insuffisant... Pour la femme : sécrétion anormale d'hormones, obstruction des trompes de l'utérus...

Corrigés

SÉQUENCE 10 → p. 95 à 104

Teste-toi → p. 95

1 a ; **2** b ; **3** b. **4** a. **5** c. **6** a. **7** b. **8** b.

9 L'énergie mécanique : perceuse ; énergie électrique : moteur d'aspirateur ; énergie lumineuse : ampoule ; énergie thermique : radiateur.

Français Survivre pendant la guerre → p. 96

1 La planche évoque les **effets de la guerre dans la vie quotidienne**.

2 L'auteur montre la brutalité de la police en s'appuyant sur :
– **la contre-plongée** sur les policiers (vignette 6) et **les plongées** sur le père (vignettes 1 et 5) qui renforcent le caractère oppressant des bourreaux ;
– la représentation de **sang sur le visage du père** (dans les vignettes 1, 2, 5 et 6) ;
– **le langage familier** employé par le père (« crèvent », « patate », vignette 4) pour dénoter sa détresse, mais aussi par les policiers (« ferme-la ! », vignette 6) pour marquer leur violence.
On peut également évoquer **la forme des bulles** (vignette 1 : des ondulations pour la souffrance que traduit la voix qui tremble ; vignette 6 : une bulle hérissée pour montrer la force de la voix) qui traduit elle aussi ce rapport de force.

3 Dans la deuxième bande, l'auteur traduit la puissance de l'armée par **des oppositions suggérées par les diagonales**. En effet, on voit se superposer dans la même image la famille de Gen (son frère cadet et sa mère) avec des navires et des chars dans la vignette 3 et une armée en marche dans la vignette 4. L'infériorité des personnages, qui se font confisquer leurs objets métalliques (vignette 3) ou qui souffrent de la faim et en viennent à se disputer à cause de cela (vignette 4), est soulignée par ces diagonales.

4 a) guerre / **paix**.   b) pauvres / **riches**.
c) armement / **désarmement**.   d) faire / **défaire**

5 **dé**gel ou **anti**gel – **a**normal ou **para**normal – **mal**habile – **anti**constitutionnel – **a**symétrique ou **dis**symétrique.

6 sur**exposé** : **trop**. Une photographie surexposée sera très claire, une personnalité surexposée fera l'objet de très nombreux reportages. On trouve le préfixe *sur-* dans des mots comme « surdoué » ou « surcharge ».
paratexte : **autour** ou **à côté de**. On appelle « paratexte » toutes les informations que l'on trouvera avant (titre, introduction) et après (noms de l'auteur et de l'ouvrage, date de parution, éditeur) un texte. On trouve le préfixe *para-* dans le mot « paramilitaire », qui signifie « dont le fonctionnement est proche de celui de l'armée », ou « parasite », la racine « *sitos* » signifiant en grec « la nourriture ».
préfixe : **avant**. Le préfixe est le groupe de lettres amovible que l'on trouve au début de certains mots. La formation du mot nous indique qu'il est « fixé avant » (le radical). Le préfixe *pré-* se retrouve dans des mots comme « prématuré » ou « préfigurer ».

hyperémotif : **trop**. On est hyperémotif quand la moindre émotion prend des proportions psychologiques ou physiques très importantes. On peut retrouver le préfixe *hyper-* dans des mots comme « hypermarché » ou « hyperbole ».

7 a) **usine** a pour synonyme précis **fabrique**.
b) **contribuer** a pour synonyme précis **participer**.

8 – tais-toi : **« ferme-la »** (vignette 6) ;
– meurent : **« crèvent »** (vignette 4) ;
– pomme de terre : **« patate »** (vignette 4).

Maths L'ivresse des sommets → p. 98

1 a)

Dénivelé (m)	300	240	**800**	**360**	440
Durée (min)	45	**36**	**120**	**54**	66

b) C'est un tableau de proportionnalité, la vitesse de Marc est toujours la même : **400 m par heure**.
c) Le dénivelé à descendre est de 2 140 m (3 370 – 1 230). À 600 m par heure, il lui faut 3 h pour les 1 800 premiers mètres, puis 30 minutes pour les 300 mètres suivants. 600 m par heure, c'est 600 m en 60 minutes, donc 10 m par minute. Il faut 4 minutes pour les 40 derniers mètres. La descente prend donc au total 3 h 34 min. En partant du sommet à 15 h, Marc arrive donc en bas à **18 h 34 min.**

2 a) 10 % de 400 m, c'est 40 m. Marc montera donc à **440 m par heure**.
b) 800 – 600 = 200 et $\frac{200}{600} \times 100 \approx 33{,}33$ %. Cela coutera donc à Marc environ **33,33 %** d'efforts en plus.
c) 2 h 15 correspond à 2,25 h. Il aura monté 2,25 × 440, soit 990 m. Il sera ainsi à l'altitude 2 220 m. La montée jusqu'au sommet correspond à un dénivelé de 2 140 m.
En 4 h, Marc monte 1 760 m (440 × 4) et est à l'altitude 2 990 m. 440 m par heure correspondent à 44 m en 6 minutes, soit 22 m en 3 minutes. En 51 minutes, il gravira donc encore 374 m pour arriver à 3 364 m d'altitude. Les 6 derniers mètres lui prendront environ 1 minute, et la montée aura duré 4 h 52 minutes environ. La descente est plus facile : 800 m en 60 minutes, c'est 40 m en 3 minutes.
Or $\frac{2\,140}{40} = 53{,}5$. Il lui faudra donc 53,5 × 3, soit 160 minutes et demie, autrement dit 2 h 40 minutes et 30 secondes. Au total, la course aura duré environ **7 h 33 minutes**.

DÉFI VACANCES
a) 1 cm représente 50 000 cm, soit 500 m.
Il y a donc en réalité 16 × 500 m, soit **8 000 m** à vol d'oiseau entre les Granges d'Astau et le sommet du Perdiguère.
b)

Terrain	→	↑	↓	↑	→	↑	↓	→
Mètres	750	150	50	250	500	370	70	600
Temps mis par Marc	11 min 15 s	22 min 30 s	5 min	37 min 30 s	7 min 30 s	55 min 30 s	7 min	9 min

124

Terrain	↑	→	↑
Mètres	670	600	650
Temps mis par Marc	1 h 40 min 30 s	9 min	1 h 37 min 30 s

La course dure ainsi environ 362 minutes et 15 secondes, soit **6 h 2 min 15 s** pour atteindre le sommet.

c) Pour redescendre, Marc met les temps suivants :

Terrain	→	↓	↑	↓	→	↓	↑	→
Mètres	750	150	50	250	500	370	70	600
Temps mis par Marc	11 min 15 s	15 min	7 min 30 s	25 min	7 min 30 s	37 min	10 min 30 s	9 min

Terrain	↓	→	↓
Mètres	670	600	650
Temps mis par Marc	1 h 7 min	9 min	1 h 05 min

Le retour dure ainsi 263 minutes et 45 secondes, soit **4 h 23 min 45 s**.

d) En enlevant 4 kg (de 11 à 7), Marc gagne 32 m par heure à la montée et 120 m par heure à la descente. Ses nouvelles vitesses sont donc 432 m/h en ascension et 720 m/h en descente. Sur le plat, cela reste 4 000 m/h. D'où le tableau :

Terrain	→	↑	↓	↑	→	↑	↓
Mètres	750	150	50	250	500	370	70
Temps mis par Marc	11 min 15 s	20 min 50 s	4 min 10 s	34 min 43 s	7 min 30 s	51 min 23 s	5 min 50 s

Terrain	→	↑	→	↑
Mètres	600	670	600	650
Temps mis par Marc	9 min	93 min 3 s	9 min	90 min 17 s

L'ascension dure ainsi environ 337 minutes et 1 seconde, soit environ **5 h 37 min 1 s** pour atteindre le sommet.

Anglais Graffiti: a Means of Expression → p. 100

1 **a)** Street artists use their art to **express their opinions** and **communicate social messages**. (l. 14-15) ; **b)** The definition of graffiti is **images on street walls** and **some writing on houses and trains**. (l. 2-3) ; **c)** Graffiti is sometimes considered as **art** or **vandalism**. (l. 4 ; 8) ; **d)** Graffiti is now used by **commercial companies**. (l. 20-21)

2 **a)** Graffiti, ⟨which⟩ appeared in the USA in the 1920s, is the name for images or writing scratched, scrawled, painted or marked on houses, trains, walls, etc. (l. 1-4).
b) Graffiti is often regarded as vandalism, ⟨which⟩ is punishable by law (l. 4-5).
c) [...] It is a rapidly evolving art form ⟨whose⟩ value as an art form is highly contested (l. 8-9).
d) One of the first graffiti artists ⟨who⟩ was recognized by the media was Taki 183 (l. 10-12).
e) Fab 5 Freddy is a popular graffiti figure from that time, ⟨who⟩ helped spread the influence of graffiti and rap music in the Bronx (l. 16-19).

3 **a)** who. **b)** which / that. **c)** whose. **d)** who. **e)** whose. **f)** ∅ *ou* which *ou* that.

Histoire La République laïque en France → p. 102

1 La loi réaffirme la liberté d'opinion, « la liberté de conscience » déjà inscrite dans la Déclaration des droits de l'homme et du citoyen, et d'autre part garantit la liberté de culte : elle n'est donc pas opposée aux religions. En revanche, elle ne reconnait officiellement aucune religion, comme le précise l'article 2. Cela signifie donc que toutes les religions se retrouvent en France sur un pied d'égalité.

2 La laïcité est la totale séparation de l'État et des religions. La République française ne reconnait aucune religion particulière, elle observe une stricte neutralité face aux différentes religions présentes sur son territoire. Pour cette raison, la loi de 1905 interdit l'enseignement religieux à l'école publique qui est l'école de la République.

3 La loi est alors très mal accueillie par l'Église catholique qui représente la religion largement majoritaire du pays et qui a longtemps tenu une place primordiale dans la vie politique et sociale du pays. Mais à la veille de la guerre de 1914, l'opposition s'est calmée. Aujourd'hui, la loi, dont on a fêté le centième anniversaire en 2005, est toujours valable et a été confirmée par des textes complémentaires.

Physique-Chimie Sources d'énergie → p. 103

1 Les sources d'énergie sont des objets ou de la matière, susceptibles de fournir de l'énergie : piles, éolioennes, soleil...

2

Proposition	Barrage	Four solaire	Camion (moteur)	Centrale nucléaire	Réchaud à gaz
Forme d'énergie	hydraulique	solaire	chimique	nucléaire	thermique

3 Grâce au cycle de l'eau, l'eau du barrage est constamment renouvelée, et par conséquent son énergie aussi.

4 L'énergie du vent ou énergie éolienne se transforme d'abord en énergie mécanique avec le mouvement des pales. Puis, dans l'alternateur, l'énergie mécanique se transforme en énergie électrique qui apparait à son tour dans les logements sous forme d'énergie thermique ou d'énergie lumineuse ou d'énergie mécanique.

Bilan → p. 104

1 a. **2** b. **3** b. **4** b. **5** a. **6** c.

7

Distance (km)	Temps (min)
18,9	9
84	40
126	60
231	110

8 *which*. **9** *who*. **10** *whose*. **11** En 1881, Jules Ferry avait instauré l'école primaire obligatoire et laïque. En 1904, un gouvernement radical et socialiste veut limiter le pouvoir de l'Église catholique sur la société. Il interdit à l'Église d'enseigner. En 1905, la loi de séparation des Églises et de l'État fait de la France un pays laïc. **12** Énergie hydraulique de l'eau du barrage → énergie mécanique de l'eau qui s'écoule et passe dans la turbine → énergie électrique dans l'alternateur entrainé par la turbine → énergie lumineuse ou thermique ou mécanique à la maison.

Verbes irréguliers

	Infinitif	Prétérit	Participe passé	Traduction
A	to awake	awoke	awoken	(se) réveiller
B	to be	was / were	been	être
	to beat	beat	beaten	battre
	to become	became	become	devenir
	to begin	began	begun	commencer
	to bite	bit	bitten	mordre
	to break	broke	broken	casser
	to bring	brought	brought	apporter
	to build	built	built	construire
	to burn	burnt	burnt	bruler
	to burst	burst	burst	éclater
	to buy	bought	bought	acheter
C	to catch	caught	caught	attraper
	to choose	chose	chosen	choisir
	to come	came	come	venir
	to cost	cost	cost	couter
	to cut	cut	cut	couper
D	to do	did	done	faire
	to draw	drew	drawn	dessiner
	to dream	dreamt	dreamt	rêver
	to drink	drank	drunk	boire
	to drive	drove	driven	conduire
E	to eat	ate	eaten	manger
F	to fall	fell	fallen	tomber
	to feed	fed	fed	nourrir
	to feel	felt	felt	sentir, éprouver
	to fight	fought	fought	combattre
	to find	found	found	trouver
	to fly	flew	flown	voler
	to forbid	forbade	forbidden	interdire
	to forget	forgot	forgotten	oublier
	to forgive	forgave	forgiven	pardonner
	to freeze	froze	frozen	geler
G	to get	got	got	obtenir
	to give	gave	given	donner
	to go	went	gone	aller
	to grow	grew	grown	grandir
H	to have	had	had	avoir
	to hear	heard	heard	entendre
	to hide	hid	hidden	(se) cacher
	to hit	hit	hit	frapper, atteindre
	to hold	held	held	tenir
	to hurt	hurt	hurt	blesser, faire mal
K	to keep	kept	kept	garder, continuer
	to kneel	knelt	knelt	s'agenouiller

	to know	knew	known	savoir, connaitre
L	to lead	led	led	mener
	to learn	learnt	learnt	apprendre
	to leave	left	left	laisser, quitter
	to lend	lent	lent	prêter
	to let	let	let	permettre, louer
	to lie	lay	lain	être étendu
	to lose	lost	lost	perdre
M	to make	made	made	faire, fabriquer
	to mean	meant	meant	signifier
	to meet	met	met	(se) rencontrer
P	to pay	paid	paid	payer
	to put	put	put	mettre
Q	to quit	quit	quit	cesser (de)
R	to read	read	read	lire
	to ride	rode	ridden	chevaucher (cheval, vélo, moto...)
	to ring	rang	rung	sonner
	to run	ran	run	courir
S	to say	said	said	dire
	to see	saw	seen	voir
	to sell	sold	sold	vendre
	to send	sent	sent	envoyer
	to shoot	shot	shot	tirer
	to show	showed	shown	montrer
	to shut	shut	shut	fermer
	to sing	sang	sung	chanter
	to sink	sank	sunk	couler
	to sit	sat	sat	être assis
	to sleep	slept	slept	dormir
	to smell	smelt	smelt	sentir (odorat)
	to speak	spoke	spoken	parler
	to spell	spelt	spelt	épeler
	to spend	spent	spent	dépenser
	to stand	stood	stood	être debout
	to steal	stole	stolen	voler, dérober
	to sting	stung	stung	piquer
	to stink	stank	stunk	puer
	to strike	struck	struck	frapper
	to swear	swore	sworn	jurer
	to sweep	swept	swept	balayer
	to swim	swam	swum	nager
T	to take	took	taken	prendre
	to teach	taught	taught	enseigner
	to tell	told	told	dire, raconter
	to think	thought	thought	penser
	to throw	threw	thrown	jeter
U	to understand	understood	understood	comprendre
W	to wake	woke	woken	(se) réveiller
	to wear	wore	worn	porter (des vêtements)
	to weep	wept	wept	pleurer
	to win	won	won	gagner
	to write	wrote	written	écrire

Conception graphique intérieure : Élise Launay

Conception graphique couverture : Allright

Iconographie : Gaëlle Mary, Juliette Barjon

Mise en pages : Grafatom

Schémas : Laurent Blondel/Corédoc : pp. 33, 73, 93. HugoMap : pp. 82, 103. Nathan : pp. 13, 23, 53, 63.

Cartes : Marie-Sophie Putfin/Légendes Cartographie : p. 22. HugoMap : p. 62. Nathan : p. 33.

Illustrateurs :
• Laetitia Aynié : pp. 8, 9, 17, 36, 37, 47, 57, 67, 78, 87, 88.
• Patrick Chenot : p. 43.
• Clod : p. 9, 19, 29, 39, 49, 59, 69, 79, 89, 99.
• Bernard Grandjean : pp. 12, 13, 22, 23, 32, 33, 42, 52, 53, 62, 63, 72, 73, 82, 92, 93, 102, 103.
• Mademoiselle Caroline : p. 11, 21, 31, 41, 51, 61, 71, 81, 91.
• Marie-Noëlle Pichard : pp. 7, 26, 27, 76, 77.

Crédits photographiques :
p. 5 : © Fotolia / Creativa ; p. 6 : Bridgeman-Giraudon ; p. 10 : © Shutterstock / rvlsoft ; p. 13 : Archives Nathan ; p. 15 : © Fotolia / Vencav ; p. 16 : Coll. Christophe L ; p. 18 : GETTY / David Deas ; p. 20 : © Coca Cola ; p. 25 : © Fotolia / Thierry Ryo ; p. 28 : © Adobe Stock / Christopher Boswell ; p. 30 : Afp / Getty Images Sport ; p. 33 : Archives Nathan ; p. 35 : © Fotolia / © Pixelshop ; p. 38 hg : Jose Fuste Raga / Mauritius / Photononstop ; p. 38 : O. Revil ; p. 39 : O. Revil ; p. 40 : Malcolm Piers / The Image Bank / Getty Images ; p. 42 : © Adobe Stock /claudiozacc ; p. 43 g : Hélène Carré ; p. 43 d : F. Hanoteau ; p. 44 : O. Revil ; p. 45 : © Fotolia / © Frédéric Prochasson ; p. 46 : Getty / DAJ ; p. 48 : AFP / Chris Jackson ; p. 50 : John Howe avec l'autorisation de Tolkien Entreprises ; p. 52 : Archives Nathan ; p. 55 : © Fotolia / © Vitas ; p. 56 : © Adobe Stock / Paolese ; p. 58 : Rue des Archives / BCA ; p. 60 : Emilie Autumn / DR ; p. 65 : © Fotolia / arsdigital ; p. 66 : Coll. Christophe L ; p. 68 : © Fotolia / Dreaming Andy ; p. 70 : © Adobe Stock / Baker ; p. 75 : © Fotolia / Kasto ; p. 80 : Firefly Productions ; p. 83 hg : © Fotolia / Mantos ; P. 83bg : © Shutterstock / amskad ; p. 83 bd : © Shutterstock / svetok30 ; p. 85 : © Fotolia / Beboy ; p. 86 : Coll. Christophe L ; p. 90 : Paul Box / Report Digital / Rea ; p. 95 : © Fotolia / Nikolai Sorokin ; p. 96 : Gen D'Hiroshima, tome 1, de Keiji Nakazawa © Vertige Graphic ; p. 98 : © Adobe Stock / Biletskiy Evgeniy ; p. 100 : DR ; p. 101 : © Shutterstock / Toha Rosovskyi.

Imprimé en France par Maury-Imprimeur en Février 2023
Dépôt légal : Mars 2017